美国革命的宪法观

The American Revolution
A Constitutional Interpretation

〔美〕查尔斯·霍华德·麦基文/著

田飞龙/译

北京大学出版社
PEKING UNIVERSITY PRESS

本书译自以下版本：

Charles Howard McIlwain, *The American Revolution: A Constitutional Interpretation*, Cornell University Press, 1958.

目 录

译者序 美国革命与麦基文的宪法心智 /1

前 言 /1

第一章 导论:问题的提出 /1

第二章 先例:王国本土与殖民领地 /23

第三章 先例:自然法与根本法,税收与真实代表,宪章 /191

第四章 结论 /236

译者序
美国革命与麦基文的宪法心智

只有"现代史"的美国是世界历史的一个奇迹,这个奇迹源自欧洲宗教迫害背景下的"五月花号公约",后历经独立革命和费城制宪,终于奠定现代美国的牢固根基。其中,独立革命是美国史的枢纽性议题,是美国宪法学界和史学界学术竞争的火爆点。

围绕美国革命至少可以提出如下一系列问题:为什么"同文同种"的北美白人殖民者会集体反叛英国议会和国王?从"五月花号"拓殖北美到1776年美国革命,是英国变了,还是北美变了?为什么"宪章"是建构英国本土与北美殖民地的主要宪制手段?为什么光荣革命确立的议会主权在北美殖民地不管用?为什么英国对北美长期的"轻徭薄赋"并没有换取政治忠诚？美国史学中对美国革命的民族主义解释为什么是"辉格式"的虚构？美国在革命之前经历了与英国议会怎样的宪法斗争？美国革命揭开了英国本土与殖民领地在大英帝国宪法理解上的何种分歧？在孟德斯鸠等人眼中无比完美的英国宪法为何没能阻止美国革命？北美叛离为大英帝国体系的宪法调整提供了怎样的教训和启发？

这些问题曾经长期困扰美国宪法学界和史学界，主流的辉格式"民族主义范式"显然无法深入历史与思想细节，无法提供完满有效的历史解释。美国20世纪上半叶的著名宪法思想史学家麦基文教授不避艰难，深入美国革命前的宪法斗争细节，探寻美国革命的思想动因和宪法先例，对美国革命作出了一种不同于虚构式的"民族主义范式"的"宪制主义解释"，破解了大英帝国形成早期的宪制密码及其缺陷。以美国革命为主轴的英美关系的历史变迁是"二元宪制模式"崩溃的经典范例,其教训和经验对于现代民族国家内部多元一体治理体系的宪法整合仍具有积极的教诲和启发。作为麦基文教授《美国革命的宪法观》的中译者,笔者在本文中试图分享麦基文教授丰富的宪法心智,以便中文世界对其宪法思想与学术方法有更多的理解和借鉴。

政治宪法学书单上的初识

初识麦基文教授的作品是在 2006 年保送北大攻读公法学硕士的那个秋天。陈端洪教授开设的《宪法原理》课程指定了他的 *Constitutionalism: Ancient & Modern*(原著 1940 年初版,简体中文版翟小波译,贵州人民出版社 2004 年版)一书作为重点参考书。陈教授是我的宪法思想启蒙老师,他在北大法学院给研究生一共开设了两门课,另一门是《公法与政治理论》。在美国宪法学与德日系宪法学"交叉"收编发展中国家宪法理论与教学体系的趋势下,在中国宪法学界整体上"一路向西"式地选择"基本权利为体、司法审查为用"的学术范式与宪制模式的背景下,陈教授依然坚持从政治理论的角度探讨宪法原理以及政治与法律关系,并独辟蹊径推展出中国的"政治宪法学"路径,寻找西方宪制构成的政治思想密码和结构性原理,令人敬佩。麦基文的宪法学说处于"二战"前未严格"司法化"或"教义学化"的阶段,也大体属于"政治宪法学"的宽谱学术脉络。遗憾的是,其主要作品大部分尚未移译。学界的整体学术冷感也多少印证了时下宪法学风气的某种偏颇。

老师推荐的这本书我是很认真地全文读完了的,当时的感受是:第一,麦基文教授治学极其严谨,宪法思想史考证铿锵有力,常揭示出繁冗历史中的观念发生细节与形成线索;第二,行文语言不甚好读,以长句和复杂表达语式为主,既不似施米特式的短促硬朗,也不似现代美国畅销书作家式的"畅销体",似乎只是其内在学术思维轨迹的复制与重描。该书考察了宪制主义的古今思想流变,凸显了古典宪制的经验主义特征和现代宪制的规范主义特征,提出宪制的实质在于政府治理权和法院审判权的二权平衡,而美国的宪制渊源不限于英格兰,可进一步追溯至古罗马。这种解释取向实际上将美国宪法的古典性和欧洲文明属性进一步加深和前溯。

麦基文在该书中引述过潘恩对"宪法"的一个经典界定:"宪法不是政府的行为,而是人民建构政府的行为。"这是一种关于人民制宪权的现代思想,也是宪法古今分野的时代宣告。这也曾指引笔者去关注潘恩的政治思想,重译过潘恩的《人的权利》(中国法制出版社2011年版)。两相对照,更显麦基文教授对宪法思想史把握的精准。

笔者此次承译的是麦基文更早期的作品《美国革命的宪法观》(1923年初版),无论在思想史方法还是在行文风格上,该书几乎与老师指定的那本参考书完全一致。翟小波博士曾在中文版译者序中坦言"本书翻译,较为灵活,多注重原书大趣,少遵循语句结构"。在笔者翻译过程中,这种感受不断重现,处理上同样是在保证原意的前提下对语句结构和表达方式进行微调,同时适当增加译者注。这些技术性处理的唯一目的,是使麦基文教授的精湛学术思想更好地为中国读者所理解和接受。

宪法激荡年代的麦基文

麦基文教授生活于现代宪法剧烈转型的时代,经历着自由主义宪法的社会化调适和社会主义宪法的外在挑战。他还是"高寿"的学者之一,出生于1871年,卒于1968年,享年97岁。巧合的是,德国的施米特教授也是97岁高寿(1888—1985)。同样类似的是,他们的学术黄金期也都集中于20世纪上半期那样一个风云激荡的年代。

麦基文教授是一名卓越的宪法思想史学家、政治科学家,还是一位律师。他的成名宪法著作主要有3部:

一是 *The High Court of Parliament and Its Supremacy*（1910年初版，可译为《英国议会的司法权与议会至上》），他因该书获得了英国学界的学术承认，同时也进入了英国宪法的核心学术领地；二是《美国革命的宪法观》，这是一本未脱离麦基文学术风格但却即时"畅销"的著作，获得了次年的普利策奖，对美国革命的宪法动因及其先例基础进行了深远的考辨；三是 *Constitutionalism: Ancient & Modern*，如上所述，此书对古今宪制内涵进行了思想史考察与界定。除此之外，麦基文教授还撰文对自由大宪章与普通法之间的关系进行过细致考察；文章被收入学界关于《自由大宪章》颁布700周年的纪念文集之中，在本译著中有部分引证（详见 *Magna Carta Commemoration Essays*, edited for the Royal Historical Society by Henry Elliot Malden, 1917, pp. 122 – 179.）。他在1932年还出版过《西方政治思想发展史》。

因其突出的学术贡献，麦基文教授相继执教过多所著名大学,曾担任哈佛大学政府学伊顿讲席教授和美国历史学会主席(1935—1936)。1936年,麦基文教授曾在美国历史学会做主席演讲,题目为"变动世界中的历史学家角色"。以笔者的阅读经历,麦基文教授的宪法思想史作品对于深入理解美国宪法和西方宪制极富教益,可惜其学术著作的翻译相对滞后,本书之翻译出版应可视为对其学术思想译介的一大推进。他属于"二战"之前仍然关注"政治"和"思想"的一批宪法学者,坚持着一种"政治宪法"式的宪法学术风格,不同于"二战"后日益定型化的以基本权利和宪法司法裁判为核心的"法院宪法学"。

从宪法学史来看,宪法学的科学形态取决于政治处境和主要宪法任务,不存在从来就有或一成不变的宪法学风格,而何种宪法心智占优亦体现了该民族的政治成熟度。"政治宪法学"对应的主题是"国家建构",美国宪法学在《联邦党人文集》中对此主题有极致发挥。这一主题的当代承继者是阿克曼,麦基文属于重要的历史接力者。而1803年由马歇尔大法官经由"马伯里案"开启的"司法审查"推动了美国宪法的司法化与美国宪法学的司法中心主义,但该种机制长期的核心功能并非"基本权利保护",而是借助"州际贸易条款"的灵活解释,"隐秘"地继承和推进联邦党人事业,进一步扩张联邦国家权力,限制州权,完成美国宪法必要的国家化进程和国家建构任务。当然,司法审查的权利保护功能在美国国家建构基本完成之后日益占据了主导地位,这是一种理性而自然的变迁。中国的政治宪法学对"国家建构"的学术聚焦基于类似的理论旨趣。麦基文的宪法心智对此颇有助力。

美国革命的非民族主义解释

《美国革命的宪法观》成书于"一战"之后,针对的是美国历史学界关于美国革命的一个定论:美国革命是美利坚民族主义的必然结果,在宪法斗争上没有优势与合法性。这一论断推定美利坚民族在独立革命之前已然形成,而美国革命不过是一场以"民族自决"为基本内涵的民族解放运动。这种解释甚至弥漫于中国的世界史教材之中,足见其影响深远。这一解释路径颇有美国式的"辉格史观"样貌。但麦基文教授对此深怀疑虑,认为这是一种武断和激进的历史解释,不符合历史的实际。什么是历史的实际? 麦基文教授认为美国独立革命是很晚才发生的事情,之前的斗争不具有革命性质,而是在英国宪法框架内的一种宪法斗争。麦基文界定的美国革命的中枢问题是英帝国的真实宪法结构问题,而正是英国议会和北美殖民地对英帝国宪法的不同理解与解释,造成了宪法妥协的失败,引发了最终的革命。而纯粹就宪法斗争中美国立场的合法性而言,亦不缺乏优势先例支持、宪法类似物佐证和宪法理论证成。麦基文教授的另辟蹊径还可以印证我们对美国民族的另一个印象:美国不是一个自然民族,而是一个"宪法民族"。麦基文教授试图对美国革命进行一种非民族主义的历史解释,即美国革命和制宪创造了美利坚民族与美国共和政体,而不是相反。麦基文教授的历史学会主席演讲题目是"变动世界中的历史学家角色",他在本书中的匡正与澄清不正是在完美诠释一名美国历史学家的角色与职分吗?

那么,英国议会与北美殖民地对英帝国宪法解释的分歧到底在哪里呢?这里涉及光荣革命的宪法效力问题。光荣革命在英国固然完成了君主主权向议会主权的转型,但这种转型之宪法效力是否越出王国本土(realm)而直接对殖民领地(dominions)产生效力呢?英国议会的主张是,革命效力波及整个帝国体系,作为革命成果的英国议会主权涵盖全部领土(本土和领地),因此,议会可以为殖民地进行任何事项的立法。北美殖民地则认为光荣革命效力仅限于王国本土,不及于殖民地,而各殖民地是通过国王宪章(charter)获得宪制合法性的,且殖民地在宪章之下享有"高度自治权",拥有自己的本地议会。尽管基于整个帝国利益,殖民地接受国王委任的总督以及议会在帝国外贸事务上的立法权,但议会立法权绝对不及于殖民地自治范围内的"内政事务"。这里出现了"帝国事务"和"内政事务"的二元区分,这被北美殖民地人民用于界定"本土"与"领地"之间的权力分界。对这一区分作出卓越贡献的是美国革命思想家约翰·亚当斯。在18世纪70年代初,约翰·亚当斯以"诺凡格鲁斯"为笔名,发表了大量关于北美自治宪法理由的文章,有力驳斥了论敌"马萨诸塞人"的相关宪法主张,成为美国革命前最重要的宪法文献之一。

尽管英国议会断然拒绝了这一区分,但这一区分却是对英帝国宪法的一种非常有力的解释,在19世纪曾被英属加拿大的殖民官员用于处理加拿大自治事务。不过,这一区分也有着促进英帝国解体的实际效果,即随着各殖民地的政治自觉和自治能力的实际提升,"帝国事务"范围日益萎缩,"内政事务"范围日益扩大,英国的"普通法宪制主义"以及在帝国范围内倾力建构的"普通法共同体"不足以完全消磨和压制殖民地的自治甚至独立倾向,帝国日益名存实亡,"自治领"乃至于独立国家成为帝国解体的通道,而今日的英联邦已不具有严格的国家法(宪法)意义。当代英国若顺从民间部分人意愿废除君主制,改行共和制,则英联邦顷刻解体,像海峡群岛这样的国王直属领地将完全独立,苏格兰公投甚至不必举行。在成文宪法的时代,古典的不成文宪法漏洞迭出,但英国一旦采行成文宪法,其古典联邦势必无法维系,这是当代英国宪法改革的两难。

北美殖民地宪法维权的三种模式

麦基文教授并不局限于从"帝国宪法"角度考察双方的宪法斗争,尽管他认为这是双方宪法斗争的真正焦点。我们对美国革命史耳熟能详的一个典故就是"无代表不纳税"(no taxation without representation),这显然也属于一种宪法斗争,却不同于"帝国宪法"理论。根据麦基文教授的考察,革命之前的北美与英国议会之间的宪法斗争共经历了三个主要阶段,形成了三种宪法维权的模式:

第一,宪章维权模式,即承认二者之间的关系仅限于宪章关系,是国王个人与殖民地的授权关系,也只有国王特权才能变动殖民地权利,议会无权置喙,而殖民地依据宪章的维权,主要形式就是请愿(petition)。实践证明,"宪章"权利并不可靠,国王经常出尔反尔,而且不仅是对殖民地有掠夺,对在王国本土颁发的宪章也无充足保障,宪章维权最终失败。

第二,普通法维权模式,这里指的是成为英国普通法一部分的自然法和根本法观念,"无代表不纳税"就属于这种观念范畴。这是辉格党人的教义,前提是承认议会主权,但又认为议会不会以违反普通法权利的方式行事,因为议会是理性的,是维护"英国人权利"的。北美殖民地人民和英国的辉格自由派一度相信了这样一套宪法叙事和维权指南,北美人民也要求与英国本土人民一样完整享有"英国人权利"。但结果证明,英国议会对本土人民与殖民地人民之立场与态度不可能基于笼统的"英国人权利"而一致化,王国本土的一个英国人和北美殖民地的一个英国人在英国议会中的政治分量绝不等同,由此,普通法维权同样宣告失败。

第三,帝国宪法维权模式,如上所述,是北美殖民地对光荣革命效力和英帝国宪法结构提出了自身独特的解释方案。这一方案预设了1689年之前的"君主主权",提出了"帝国事务"和"内政事务"的二分法,将英国议会立法权严格限定于维护帝国整体贸易利益的外贸范畴。麦基文教授认为,帝国宪法维权正确还原了王国本土与殖民领地之间的宪法关系,如果英国议会处置得当,革命未必发生。甚至在革命来临的最后一刻,北美人民所反抗的一直是英国议会主权,而不是国王特权。直到国王在议会请求下发布《平叛诏书》,主动站到北美人民对立面,二者之间的宪法联系才被最终切断,革命才成为唯一选项。

宪法终止处,革命发生时。北美殖民地的三波宪法维权失败证明了光荣革命与英国近代宪法在本土之外的局限性,现代美国就诞生于这一局限性之中,而麦基文教授在本书中讲述的正是这种宪法局限性的历史故事。

美国革命的宪法类似物

在三种模式中,麦基文教授的关注焦点在于"帝国宪法维权模式",但其学术考察不限于英美关系,而是深入大英帝国形成早期复杂多样的"本土—领地"关系之中,探寻美国革命的宪法类似物,在帝国复杂的"宪法关系大数据"中挖掘和发现帝国宪法的构成密码及其缺陷。他认为美国政治家关于"帝国宪法维权"的思路不是孤立的,甚至不是原创的,而是受到了英帝国其他宪法先例的某种影响,本书的主要任务即在于深度挖掘这些"先例",以证明北美"帝国宪法"主张的正确性,证明美国革命的责任在于英国议会对"帝国宪法"的某种背离。当然,英国议会的背离恰恰是英国光荣革命的成果,英国议会对"帝国宪法"有着更加新颖与现代的理解,只是该种理解不能被殖民领地人民所接受。大英帝国以不成文宪法名世,其殖民宪制秩序依赖于千差万别的"个别建构"模式产生。"普通法"在维系帝国统一方面居功至伟,但"普通法"不足以取代民主政治和成文宪法,不能产生出稳靠充分的宪法认同和政治统一。

在"本土—领地"的关系史上,麦基文教授重点拣选出了爱尔兰个案。爱尔兰作为英国殖民地,早在1641年开始就与英格兰议会产生了严重的宪法冲突。爱尔兰人的宪法逻辑是,英国普通法同时适用于英格兰和爱尔兰,但英国议会法案之效力需要区别对待,其中的"确认性法案"(affirmative act)可以通过司法判例证明而纳入爱尔兰法,但是议会的"引介性法案"(introductory act)属于议会主权的实质性运用,爱尔兰承认国王主权但不承认议会立法主权,故此类法案必须经过爱尔兰议会实质性审查和转化立法才能具有效力。这一区分实质否定了英格兰议会对爱尔兰的立法主权,重申了爱尔兰的立法自治,且这一自治无损于普通法的普遍适用。

麦基文教授进一步追索"确认性法案"与"引介性法案"这一区分的历史来源:第一,英国议会的实质立法权是晚近政治斗争与革命的结果,在王权至上时代,议会立法权并不具有现代性质,从而对殖民地的效力也值得怀疑;第二,这一区分也是晚近"本土—领地"斗争的观念产物,并非从来就有;第三,"普通法"是古典"本土—领地"的认同基础,议会制定法是英国宪法的近期产物,各殖民地持普遍怀疑和抵制态度。爱尔兰宪法斗争中涌现出了一大批著名的宪法学家,其中最有名的是威廉·莫利纽克斯(1656—1698)。他是爱尔兰科学家与新教政治著作家,曾与洛克通信并交好,受其影响,其政治著作侧重于论证爱尔兰的自治权,最有代表性的是1698年出版的《爱尔兰受制于英国议会法案的情形》。除了政治小册子作家,文学家也加入了爱尔兰自治运动的行列,比如乔纳森·斯威夫特。斯威夫特是启蒙时代的爱尔兰讽刺文学大师,有名著《格列佛游记》传世。1724年,斯威夫特化名"垂皮尔"(Drapier),发表了若干封公开信,矛头直指英国盘剥爱尔兰人民的"伍德铜币案"*,宣扬爱尔兰人民的自由权利,号召拒绝使用该铜币。经过复杂博弈和斗争,爱尔兰人民获胜,斯威夫特名声大噪,被视为民族英雄。

---

* 英王在1723年特许其情人肯德尔公爵夫人在爱尔兰铸造半便士铜币,后者又将该特许权高价转让给英国商人威廉·伍德。此人拟用价值6万英镑的铜铸造价值10.08万英镑的半便士铜币,沉重剥削爱尔兰人民。

除了爱尔兰,麦基文还考察了海峡群岛、苏格兰等地与英格兰的宪法关系史,有共同点,也有重大差异。尽管先例考察仍有遗漏和历史本身的不确定性,但麦基文教授自信爱尔兰个案是美国宪法斗争最相近的类似物,在英帝国的"本土—领地"宪法关系上具有典型性和可比性。麦基文的考察揭示了英帝国本身的宪法结构变迁、历史影响以及千差万别的"本土—领地"宪法关系对帝国稳定性与秩序同一性的重大挑战。这些以英格兰本土为核心的差异共存的帝国宪法结构关系,是英帝国成为"日不落帝国"的基础,也是其走向衰落和萎缩的动因。由此,麦基文的考察就不仅有助于我们深刻理解美国革命的深层宪法根源,还有助于我们理解英国式殖民帝国体系的根本缺陷,理解世界帝国秩序建构的诱惑、艰难、困顿与挑战。

面对爱尔兰和北美殖民地的宪法斗争和挑战,英国议会最终选择了强硬立场,相继出台了 1719 年针对爱尔兰的《宣言法案》和1766年针对北美的《宣言法案》，宣称对后者具有主权性质的"全面管治权"。麦基文在书中将两个法案相应部分对比列出，法案措辞和语气几乎完全一致。这可从一个层面佐证爱尔兰个案作为美国宪法斗争类似物的判断正确性。

未尽的宪法观问题

麦基文教授不满足于美国革命的"民族主义"叙事，而提出了替代性的"宪制主义"叙事，侧重从英帝国宪法结构以及先例的角度完整呈现美国革命的宪法背景。全书使用了大量的拉丁文法律术语，引述了大量的英国早期现代的宪法文献原文，加上麦基文本身的学术行文风格，这都使得本书之翻译成为一件既快乐又艰难的知识之旅。幸好，翻译期间恰逢笔者受香港大学法学院 Leslie Wright Fellow 访问学者基金资助来港访学一年。在暂别学院琐事和家务负担的"天涯海角"，得以将相对集中的时间和精力投入译事，每天感受着知识上的新认识和新进步，亦乐在其中矣。

笔者要感谢北京大学法学院薛军教授和中国人民大学法学院张龑副教授在部分拉丁术语翻译上提供的支持。本书译名为《美国革命的宪法观》，借取比尔德《美国宪法的经济观》之译名的简洁风格，但二者实质内容相差甚大：麦基文的书侧重于1776年独立革命，对其宪法原因作出思想史解释，而比尔德的书侧重于对1787宪法的经济基础作出阶级论式的解释。期待本书的翻译出版能够适当提升国内学界关于宪制秩序的知识视野和思想纵深，也希望对中国读者认知现代宪法事务的复杂性及其原理机制有所启发。

田飞龙
2014年7月3日初稿
2014年7月29日改定
香港大学法学院

献 给

我 的 双 亲

"……所有恶劣的奴役及其最恶者,将你抛入共和国。"

——马基雅维里:《李维史论》

前　言

这本小书在伦道夫·格林菲尔德·亚当斯教授（Randolph Greenfield Adams）的《美国革命的政治理念》（*Political Ideas of the American Revolution*, Durham, N.C., 1922）一书拿到手之前已经杀青，因而前言是我唯一表达欣喜之情的机会。我看到这位学者作品中的观点与我的相互印证，他从另一个立足点以及完全不同的路径达到了相同的普遍性结论。亚当斯教授的观点是政治学的，而本书的观点则是宪法学的。我主要处理了先例问题，他在很大程度上关注18世纪关于帝国问题的美洲陈述。他在该问题处理上的完整性与充分性使我庆幸最初没有决定深入细节。如此这般，我们几乎是完全不同地各自穿越,而且我们的次级推理也有着广泛差异;不过,我敢断言,我们的主要结论实际上是一致的:**美国革命的中枢问题是英帝国的真实宪法结构问题。**

当然,我心知肚明,对某些人而言,从任何视角讨论美国革命所牵涉的宪法问题都被视为完全的无用功。美国独立如果不是命中注定,也势难避免(inevitable)。假使那次独立不是在那时以那样的方式发生,它迟早也会以这种或那种方式出现。民族主义的力量早在1774年之前就已使得独立不可避免,试图揭示那些刚好被实际打破的特定宪法问题只是在浪费时间。意识到在我们的历史中民族主义力量的极大重要性,作为对上述论调的回应,我只能做出一般性表态:对于作为一种理论的历史事件的"必然"属性,我不曾高看;同时,更具体地讲,关于十三个殖民地的民族主义性格使得独立在1774年成为"必然",这一点我看也不充分,在上加拿大

(Upper Canada)1837年的事件*中似乎同样看不出来。历史中的"必然"结果,就像对历史的排他性激进解释一样,不过是绝望中的历史学家的最后靠山而已。

就本书处理之话题与我的同事威尔伯·C.阿博特教授(Wilbur C. Abbott)以及弗里德里克·默克博士(Frederick Merk)的讨论,对于澄清我的相关观念帮助很大。对于默克博士和我的妻子就本书学术处理具体形式与方式提出的珍贵建议,我亦感激涕零。

查尔斯·霍华德·麦基文

马萨诸塞州,坎布里奇

---

* 这里是指上、下加拿大两个英属殖民地在1837年至1838年间的叛乱,起因于加拿大的问责制政府改革失败。其中,下加拿大叛乱规模更大,对抗更久,而上加拿大叛军部分成员来自美国且以美国为后备基地,目标是推翻当地的寡头政治,建立民主问责制。叛乱遭到镇压相继失败,但政治改革目标在叛乱冲击下逐步得到实现。——译者注

第一章
导论:问题的提出

美国革命以政治行为(political act)相伴始终,借助该种行为,英国对北美13个殖民地的主权遭到了决定性的批判。其他一切都不过是该种行为的原因或结果。在那些原因中,有经济的,有社会的,还有宪法的。不过,革命本身不是其中任何一个;不是社会的,经济的,甚至不是宪法的;革命是一种政治行为,而这种行为不可能既是合宪的,又是革命的;这两个术语是相互排斥的。只要美国对所宣称苦难的反对是合宪的,就不可能在任何意义上构成革命。行为在变为革命的那一刻就不再是合宪的了。何时抵达了革命时刻呢?美国人坚称,在直到1776年夏为止的与英国议会展开的整个纷争中,他们的抵抗都是一种针对违宪行为的合宪抵抗。如果他们的主张被证立,美国革命就很难被说成是在1776年5月之前很久已经发生。因为当时美国人的立论基础是:英国议会不可能合宪地通过任何影响殖民地内部政体的法案,因此也就没有什么殖民地针对此类法案的反抗行为可被视为革命的。只有当这种反抗转向一种合宪权威(authority)时,才可被视为真正革命的;对美国人而言,只存在一种此类权威,不是英国议会,而是英国王权。因此,对他们而言,直到触及英国王权为止,他们的斗争都始终是关于法律权利恢复和非法行为救济的合宪斗争。美国人的立论基础是明确区分**议会中的国王**(the King in Parliament)和**议会外的国王**(the King out of Parliament),直到1774年10月26日,美国人依然庄严地向乔治三世保证,他们追求的"并不是国王特权的减损"。[1]

另一方面,几乎不能期待英国政治家(statesmen)——他们以一部制定法的庄严形式宣布,英国议会"过去、现在和将来"都有充分的权力(power)和权威在任何情形下约束作为大不列颠王权(Crown)之臣民的美洲殖民地——会将美国人针对英国议会在诸如《马萨诸塞政府法案》(the Massachusetts Government Act)之类的制定法中对此种权力的实际运用之反抗视为单纯的"合宪"行为,或者将美国人针对此类法案之实施的抵制视为革命之外的什么东西。对于这些英国政治家而言,1688年至1689年的英国革命业已终结了那种关于议会中的国王与议会外的国王之间的更悠久的尖锐区分。对他们而言,国王特权不过是议会认为适当而保留不动的那部分王权,属于古代王权中的裁量性权利。自从威廉和玛丽在其加冕仪式上宣誓"根据议会同意的制定法"来统治王国及其"所属领地",国王在领地上的所有权利就如同在王国本土范围一样完全受制于议会。

根据后一解释框架,很显然,在性质上,美国人的若干行为早在他们放弃对"最好国王"（the best of Kings）之忠诚之前很久就已不再合宪，而成为革命行为了。从英国议会约束北美殖民地的合宪权力首次遭到决定性否决开始，上述反抗行为就必须如此认定了。这一时刻远早于1776年。

开门见山抛出这两种互不兼容、相互冲突的观点，实际上提出了第一个宪法问题。美国革命的第一次革命行为发生于何时？美国革命爆发于哪一天？这一时刻是否就是对王室特权的首次决定性违反，抑或应当在针对议会权威的更早期批判中觅寻？在针对美国人以及英国议会的上述冲突性宪法观点进行仔细比对，并根据各自优长得出某种结论之前，不可能就这一重要问题给出或此或彼的任何答案；所达成的结论本身，必须建立在截止美国抗争时代的整个英国宪法发展史中发现的宪法先例基础之上。

顺序导向首次所谓的革命行为的宪法发展导火索

源自何时？谁是这场宪法抗争的真正对手,他们中的什么人是宪法"正确"(right)的？这些只是摆在任何试图总体探寻这一时期的人面前的诸多问题的一部分。他们已获取的答案之间异乎寻常地相互矛盾且常常缺乏说服力,这还是在历经这些年所有艰苦研求之后的状况。如果可能,我的这一简要的研究意图限缩这些宪法问题,直到使得它们便于进行清晰而定性的处理,如果不是必须得出确定性答案的话。我们不会去关注错综复杂的"原因"(causes)之网,经济的、社会的,抑或政治的,一如它们各自的重要性一样。它们必须放置于我们的心智背景之中,而不是推向前台。

如此剥离宪法上的非本质因素之后,美国革命似乎只是关于英国宪法的两种互不兼容之解释碰撞冲突的结果,一种解释为英国国王在北美的臣民所持有,另一种解释则归属于英国议会的多数派。革命的结果是对英国宪法的违反,而该部宪法并不立基于同时也不受保障于宪法生成中的早期先例。审视引发美国革命的这场宪法抗争之后,我发现自身不可避免地与当下似乎已成教条的诸多观点不一致,尤其是美国历史学家中的观点。

俗称为美国革命的这场抗争,直到其最终的合宪阶段,都是一场在美国人与英国议会之间单独展开的对抗。王权并未牵涉其中。没有讨论什么王室特权问题。如果说国王有所牵连的话,也只是涉及**议会中的国王**,即作为议会的一个构成要素,而不涉及**枢密院中的国王**(the King in Council)。这场抗争一直没有触及王室特权,直到如下地步:乔治三世于1775年8月23日发布《平叛诏书》(George Ⅲ's Proclamation of Rebellion)之后;而事实上,真正的触发点很难说早于1776年6月29日《弗吉尼亚公约》(the Virginia Convention)的正式发布,该公约宣告"这个国家的政府,先前在大不列颠国王治下行使权力,现已被完全解散"[2],或者说早于大陆会议(Congress)于1776年5月15日作出的决议,该决议建议各殖民地接受人民宪法(popular constitutions),其彪炳千秋的前言宣称:"显然已绝无回旋余地根据理性和良知要求这些殖民地的人民现在作出宣誓与确认,以便支持大不列颠国王治下的任何政府;必须申明,所谓国王治下的任何权力之行使概应禁止,而政府之所有权力都应置于各殖民地人民的权威之下。"[3]

这些宣言的革命性质已无疑问。或许大陆会议和各殖民地的某些先前行为可以被视为革命行为,尽管直到革命爆发为止,将其视为反叛而非革命似乎更好。一种建立独立于英国王权之持久政府的审慎意图,在单纯的反叛转变为革命之前必然已经存在。在1776年5月之前,美国人的主张全都单独对准英国议会的权力。大致从那时开始,他们第一次直接指向王权。一旦他们如此指向,他们的革命性质就很显然了。没有哪个美国人会再否认他们是革命者,现在也没有哪个历史学家会否认。当然,该场抗争的此一最后阶段,对王室特权的这番挑战,开始得很晚;事实上,直到宪法抗争转变为内战——我们从其结果来看称之为独立战争(the War of Independence)——之后一段时间才发生。在该场对抗的此一最后阶段,美国人和英国人关于"权利"的主张或有不同;但自从在这场讨论中明确引入一种单纯的"革命权"(right of revolution)以供宣称或否认时,对抗所关注的就已经是人的权利而不是英国宪法了,从而使得寻求一种严格合宪处置方案的空间日益狭窄。

不过,更早期的阶段又如何呢,那是迄今为止更漫长的阶段,那时美国人的反抗仅限于英国议会?那也是革命行为吗?抑或只是单纯的合宪行为?美国革命究竟是始于1761年还是仅仅始于王权遭受攻击的1776年?这是一个更难回答的问题,其答案必须基于纯粹的宪法层面,而不是政治层面,就像处理1776年之后挑战王权的情形那样。

对于1761年至1776年这段时期而言,美国人抵抗行为的非革命性质与革命性质必须基于他们之宪法主张的有效性或无效性作出判定。对于那些确信他们所抱怨的议会行为不过是通过违宪手段剥夺合法权利的既定计划之一部分的人而言,甚至可能面临这样一个问题:在1776年之前,革命行为是否一直发生在英国议会这一边,该议会承受并行使着一种不受英国宪法先例保障的权力。远早于1776年,他们就可以理直气壮地宣称,英国议会本身的"违宪"行为已经树立了一种完全的革命形象,尽管难以敲定议会第一次被称为革命者的准确时间点,就像难以确定何时首次违宪一样。根据后一种假定,为什么不能同样理直气壮地说美国革命开始于1649年5月,即开始于建立联邦(the Commonwealth)的最高法令(the Act),开始于代表英国人民之英国议会的最高权威及于"所属领地",因为显然这是英国议会首次正式宣告其权威超越王国本土范围?

各种意见流派下的历史学家不得不承认,1688年至1689年的英国革命是一场真正的革命。那些年发生的史无先例的事件决定性地将议会权力置于王室特权之上,将其独特的宪法品格赋予了英国的现代有限君主制。所有人都承认这一点。1689年革命性的一切,根据洛克的理论,随后就被英国本土及其"所属领地"接受为合宪和正当的,该理论认为人民能够通过革命权改变其宪法。英国本土人早已默认这一点。不过"所属领地"的人民怎么想呢?最初被承认为革命的行为只能通过默认和同意予以正当化。当英国本土人为在新王加冕仪式上宣誓"根据议会同意的制定法"进行统治的新主权者大声喝彩之时,"领地"人民是否给出了同意?抑或当本土人独自将新政体予以正当化之时,领地人民的同意本身就是非实质性的(immaterial)?领地人民是由王国本土人的单独行为来决定的吗?塞缪尔·亚当斯

（Samuel Adams）* 和总督哈钦森（Governor Hutchinson）**在1773年的时候似乎比诸多后来的历史学家们更

---

* 塞缪尔·亚当斯（1722—1803年），美国著名政治家、革命家，积极参与北美独立运动，反对印花税法案，策动波士顿倾茶事件，是北美第一、第二届大陆会议代表，签署过《独立宣言》并参与起草《邦联条款》。他支持镇压了1786年的谢斯起义，在费城制宪后游走于联邦党人和反联邦党人之间，1794年至1797年出任马萨诸塞州州长，1803年在波士顿逝世。——译者注

** 托马斯·哈钦森（1711—1780年），美国商人、历史学家和独立革命前马萨诸塞著名的忠诚主义者（loyalist）。因其商业成功和政治成就而长期活跃于马萨诸塞政治上层，于1758年至1774年间相继担任副总督和总督。尽管他起初也反对英国议会对殖民地征税，但逐渐被约翰·亚当斯和塞缪尔·亚当斯认定为英国殖民地税制的拥趸而备受诟病，同时也被时任英国首相诺思勋爵（Lord North）批评为激化英国与北美殖民地矛盾的元凶。他在马萨诸塞反抗运动中持强硬立场，镇压反对者，主张英国的宗主国权力，与马萨诸塞议会及反对派进行激烈辩论，因而受到马萨诸塞人民的厌恶，于1774年5月被解除总督职务，

加清晰地洞见了这一宪法问题。亚当斯的主要立论是：1688年属于革命的一切直到获得同意之前依然是革命,这一革命从未在美洲获得明确同意,因此对于领地人民而言,它在1773年依然是革命,就像在1688年的英国本土是革命一样。哈钦森的一个主要立论是:当篡

由托马斯·盖奇将军(Thomas Gage)接任。他本人随即流亡英国本土,怀抱对英国的不变忠诚郁郁而终。他是一名优秀的历史学家,对殖民地历史兴趣浓厚,搜集了大量的殖民地史料,著有三卷本的《马萨诸塞史》,在其去世后才出版的第三卷涵盖了其总督任期。哈钦森是一名保守的忠诚主义者,同时效忠于英国和马萨诸塞殖民地,但对英国的忠诚具有优先地位。史学家伯纳德·贝林(Bernard Bailyn)称他为改变殖民地抗争行动结果和美国历史的一个人,大多数学者则将他的职业生涯作为那些信守衰落中的殖民帝国体系而对抗新兴民族国家范式的忠诚主义者之悲剧命运的典型。本书后半部分引述了哈钦森总督议会演讲的大段内容,充分展现了其博学、善辩的个人素质和忠于英国的政治倾向。——译者注

权者威廉和玛丽在殖民地被宣布为新王时,美洲就已经和英国本土一样给出了充分的同意。亚当斯强烈主张,对殖民地的议会控制的先例之流应进一步追溯其源,而1688年革命只有在其获得所有受影响者默认的条件下才被允许打破先例的连续效力;简言之,只有在人民接受时,革命才能成为合法政府的基础,而此一人民不能代替彼一人民做出接受。他的观点暗示,英国和殖民地不是"一个人民"。对他而言,美国没有接受,而根据真正的政治原则,英国不能代替美国做出接受。因此,英国议会的权力,在1688年的英国是新颖和革命性的,对领地人民而言在1773年依然是革命性的。他坚持认为这一问题在1773年的时候仍然需要根据1689年之前存在的宪法加以解决,而那部宪法没有为英国议会在18世纪"篡夺"的权力提供任何基础。实际上,这是关于英国宪法的两种解释之间的冲突:一种是关于英国宪法的更为古老的解释,在美洲得以继续,但在1689年之后(如果不是1649年的话)的英国已被推翻;另一种是在英国采行的关于英国宪法的后革命解释。这两种观点的相对优劣取决于这样一个问题:殖民地是否被约束不将先例追溯至比17世纪中期更远？相应的,这又取决于殖民地是否明确接受了威廉和玛丽登基之后的宪法新基础,抑或是否由英国本土人民的单独行为来决定一切,而完全不顾及殖民地自身的意愿与观点？[4] 关于美洲默认所有影响到自身的英国议会先前行为的整个问题之最终判定,只有在对所有事实进行仔细审查之后才能作出,而这一问题又需要进行远超先前的细密审查。当然,我在这里只能够简要提示这一问题的某些理论层面。

在我看来,一些更经常成为法条主义者(legalists)而非法学家(legists)的评论家,嗜好于将一种过于狭隘和刚性的解释适用于宪法发展的更宏大问题之上,他们的解释基于取自诸如财产法或契约法之类的其他法律部门的表面化类推。于是,关于禁反言规则、取得时效规则以及因时效经过而终止民事救济的制定法条款的技术性解释,有时便被宽泛且无差别地用于证明整体的人民因缺乏运用反抗违宪冤屈之权利的先行者而自动丧失权利。

这样一位评论家或许应当被提醒:早至《十二铜表法》(the Twelve Tables),盗窃条款中的取得时效(prescription)就是被禁止的;在罗马法中,无论是行省土地,还是神用物或安魂物(*res sacrae or religiosae*),都禁止时效取得;甚至在有效的时效取得适用时,相对方的占有也必须是非暴力、非秘密和非容假的(*nec vi, nec clam, nec precario*);消灭时效(extinctive prescription)可由少数人群体及其他弱势群体加以排除;即使是奴隶法也受到公民资格恢复法(*jus postliminii*)的调和。他应当迅速意识到民事诉讼时效在我们的法律中并未扩展至对犯罪的追诉;他也可能被询及,是什么样的一般性推理确保他仅仅将"对国王无时效"(*nullum tempus occurrit regi*)这样的格言性原则——这又可证成时效的例外——适用于国王本身而不是一般性地扩展至人民。

总而言之,是公共政策首创了时效制度,同时也是公共政策对其适用施加了限制,而且以上提及的诸般技术性考量无论运用是否明智——它们也并不总是被明智地运用——对于讨论臣民针对统治者的反抗权问题确实影响不大。甚至保守主义也可能被期待对时效有所限制。莫利纽克斯*否认爱尔兰被征服的事实,不过他同时也否认永久占有权能够以征服为正当性基础。诚如奥提斯**所言:"没有哪种时效取得足够古老以至

---

* 威廉·莫利纽克斯(William Molyneux,1656—1698年),爱尔兰科学家与新教政治著作家,曾与洛克通信并交好,受其影响,其政治著作侧重于论证爱尔兰的自治权。——译者注

** 詹姆斯·奥提斯(James Otis,1725—1783年),马萨诸塞殖民地律师,提出了美国革命的一些早期思想。——译者注

于能够取代自然法。"[5]

单纯的法律类推决定不了什么问题,无关紧要。我没看到如下论断有什么法律的、宪政的抑或政治的基础:美洲殖民者被永久禁止抵制将某种权力适用到他们身上——这种权力他们已开始确信没有得到先例的保障——仅仅因为在一段时期内权力的松散适用曾经导致掌权者及其祖先对殖民地臣民投注了微不足道的关切。同样怪异的推断是,美洲殖民者听闻威廉和玛丽被宣布为新王就必然表示已经接受,而且一个寡头议会随后可选择从1688年和1689年的政治交易中演绎出面向后世的所有不可预知的宪政后果。大胆推测一下,有多少美国人熟悉英国1689年的加冕宣誓仪式呢?

确实,上面这个问题属于政治理论而非宪法解释,而且在某种意义上转向了单纯的事实问题,即在美国是否存在一种事实上的默认,指向英国革命及随后在英国被接受的所有宪政内涵;不过,其他问题可能走得更远。塞缪尔·亚当斯的立论暗示(如果不是明告的话),各殖民地并未被王国本土的单独行动所支配,这触及了英国宪政史上最为深刻的一个问题。他质疑的是——尽管在大英帝国内部并非首次——著名的1649年5月19日议会宣言的效力:"英国人民及所有领地和所属领土……是一个联邦。"

就这整个问题,美国历史学家中存在着一种日益明显的定论,即英国人是对的,美国人是错的,因为无论英国议会在对美洲的处置上多么执迷不悟、失策误国甚或压迫成性,在纯粹的宪法基础上,英国一边是更优良的;法律条文掌握在英国人那边。我们在这里既不关注政策,也不关注伦理。在宪法层面,这一问题就被限缩为这样一个简单的问题:对英国宪法的美国解释或英国解释哪一个可以更恰当地从该宪法发展过程——从其最初直到宪法抗争时代的整个时期——所提供的先例中推导出来。美国人否认超越王国本土的议会权威,这种权威来自威斯敏斯特之英国议会的宪法性法律(constitutional law),只能约束英国本土人。他们同时还主张,英国宪法性法律中的某些内容完全超越了议会权限,属于"根本法"(fundamental)范畴,任何议会行为抵触这些内容即属无效。英国政治家回应称,英国议会权力至高无上,无论是在王国本土,还是在"所属领地"。这些是纯粹的宪法问题。我在这里不关注其他问题。这些问题必须完全基于先例来回答。我打算审查一下这些先例,不过可能冒着相互矛盾的风险;同时为了澄清观点,我预期这一讨论能够阐明我的信念:如果限制在严格的宪法意义上,这一"是"或"非"的问题容许得出某种答案;与当前美国历史学家中盛行的观点相比[6],我的答案必定在总体上更加有利于美国殖民者的主张,而不利于在英国议会内反对此类主张的英国政治家的立场。

注 释

[1] *Journal of the Continental Congress*, edited by Ford, vol. 1, p.119.

[2] F. N. Thorpe, *The Federal and State Constitutions*, vol. vii, p.3815.

[3] *Journal of the Continental Congress* (Ford), vol. iv, p.358,另可参考爱德华·钱宁(Edward Channing)的论断:"前言与决议,合起来看,已构成大陆会议的一个决定性声明,即各殖民地不再是大英帝国的组成部分。"引自 Edward Channing, *A History of the United States*, vol. iii, p.199.

[4] 约翰·亚当斯(John Adams)以其一贯的敏锐,认识到美洲是否曾默认英国议会权力这一问题的重要性,从而在其以笔名"诺凡格鲁斯"(*Novanglus*)发表的系列文章中予以坚决否认。"英国议会权力在美洲从未获得普遍承认。"(Works of John Adams, iv, p.47)证据方面,他引述了大量的美洲抗议事件(*ibid.*, p.48)。他声称,美洲人在帝国事务上作出了让步,但从

未在殖民地内政事务上作出让步(p.49)。1764年之前未施加任何纳税义务,而这些义务一经强加立即遭到抵制(pp.49-50)。关于滚切机和轮锤的法案从未实施,而制帽商法案则从未受到关注(*ibid.*)。单独的贸易法案实际上被默认为商业条约(*ibid.*,113-114)。这是一种自愿的权力转让(p.130)。通过这一转让,议会有权管制商业,但在殖民地内政事务上没有任何转让,也不存在任何默认。如果这些法案曾记载于法典书中,美国人几乎很少想到,就像它们不是被忽略就是未实施一样。在极少的情形下,即使法案获得执行,抵制也将紧随其后。简言之,他坚持认为没有证据证明同时存在大量证据否证"马萨诸塞人"(Massachusettensis,笔名)的主张:美国以其实际行动承认了英国议会的权力——亚当斯在此有个例外,在对外贸易事务上承认英国议会的权力,这一点直到1774年北美殖民者仍然愿意在实践中作出让步。

[5] Post, p.154.

[6] 以下摘自近期一本由某位认真细致且富有竞争力的历史学家(爱荷华州立大学历史学教授)所撰的书,或可为佐证:

"至多,反议会一方之政治理论的宣扬不过是表示他们要从一个战略位置撤退到另一个……即使不对附着于上述大众口号的布道者价值打任何折扣,人们也同样要承认,假如裁决转向一种对所牵涉的法律原则进行的公正考量,则美洲殖民者的官司必输无疑。"See Arthur Meier Schlesinger, *New Viewpoints in American History*, New York, 1922, p.179.

第二章

先例:王国本土与殖民领地

为清晰阐明那些支持美国人宪法主张——他们曾在1765年至1776年间提出——的先例,就主题划分而言,没有什么比1774年的大陆会议(the Continental Congress)宣言更恰切了,该宣言宣布美洲殖民者权利建基于"永恒的自然法、英国宪法原则以及若干部殖民地宪章或协约"[1];尽管1765年至1776年间基于这些宪法主张之实际对抗的年代顺序与宣言中的排序恰恰相反。接受这一分类之后,我将尝试去检验一下支持他们之主张的早期先例:第一,在英国宪法原则中寻找;第二,在殖民地宪章中寻找;第三,在自然法中寻找。这些线索中,第三个(自然法)有可能在一种不超越宪法范畴的讨论中被简要地略去,它的根本重要性在于这样一个问题:如同卡姆登(Camden)所言,自然法是否未被"灌输入英国宪法"。至于第二个(殖民地宪章),基于理论的和实践的原因,美国人对它投诸的依赖要远小于对作为英国人之权利的依赖。因此,我们讨论的大部分精力必须集中于英国人权利的先例,同时非常简略地关注到殖民地宪章和自然权利的因素。

对美洲人而言,他们作为英国人的权利是对抗英国议会的最安全稳靠的基础。因而,基于这些权利,他们投诸了他们的主要信赖,也言之成理地提出了他们阐述最精细的观点。基于这一原因,这些权利必须被摆在最优先位置,必须在牵涉美国革命议题的现代讨论中获得最充分的关注。

不过,这些英国人权利的宣扬与捍卫必然推动美洲人去否认占据主导地位的英国议会全能论。我们必须明了这一否认的双重性质。一方面,美洲人坚称,英国议会的立法能力被严格限定于只制定那些影响受召议员来源地的法律。另一方面,他们又声称,存在特定的不可让与之基本权利,不能被任何手段改变、克减或摧毁;它们依据自然法而存在,是英国宪法的一部分。根据西塞罗(Cicero)的界定,美洲人将这些基本权利视为"真正的法"(true law)的一部分:"这种真正的法与权利理性相一致,为众生共享,持久而永恒……神法禁止对之加以改变或减损。"[2]一种不可让与、不可废弃的权利,人力不可能自我剥夺,当然就超越了任何代表性主体的能力范围,无论该主体如何完美无缺。人们只能代表他们所拥有的东西,他们没有权力直接或间接地改变或摧毁这些基本权利。

在这两种观点中,第一种迄今为止是更加具体和确定的;同理,也是更易于证实或证伪的,从而一旦获得证明也就会是更强有力的观点。事实上,单纯基于英国先例的这一观点,即英国议会之法案不能拘束王国别处的领地,实际上已经为整个的美洲抗争以及确信(直到今天)美洲主张之合宪性的主要理由提供了基础。那么,我们就必须将首要和最充分的关注对准这一点。为了更加充分地这样处理,有必要首先简要追溯连续性的宪政发展的整个历程,这一发展直接导致了美洲抗争。我相信,相关事件的这一序列有着一个确定性和发现性的开端,且一旦开启,它就直接导向了最终的革命。

我刚刚提及的宪政发展的序列在追溯幅度上要远超过通常的猜想。美国革命仅仅发生于1776年,但其直接和连续的宪法原因确凿无疑地开始于1649年5月19日,不早不晚。在当天,英国议会通过了建立联邦的法案,其中有如下条款:

> 该法案由现任议会制定和宣布,而且基于同一权威,英格兰人民以及所有所属领地之人民是而且应当被组成、整合、构建且确认为一个联邦,一个自由国家:从此将作为一个联邦

和一个自由国家而被统治,被这个国家的最高权威也就是议会中的人民代表所统治,同时也被这些代表基于人民利益所任命和组成的警官和大臣所统治,他们中不包括任何国王或上议院分子。[3]

美国革命的直接宪法先例就是从这一首次被正式接受的重大用语开始的——"英格兰人民以及所有所属领地之人民"。这里令人惊愕的陈述是,第一次由官方表态,先前的王国本土之外的国王领地"是而且应当是"(are and shall be)"英格兰人民"的财产,也就是说,尽管那些领地处于本土之外且在议会中无代表,但它们仍然是一个联邦的组成部分,从此要被"这个国家的最高权威也就是议会中的人民代表"所统治。1766年《宣示法案》(the Declaratory Act)中的议会主张的全部基础,就是这里宣示的一种"在所有情形下"约束殖民地的权利,而这也是英国议会首次正式宣扬这种权利。这就是直接导向《独立宣言》之北美宪法问题的真正开端,因为这一关于议会主权的新颖宣示,这一十足的宪法创新,包含了美洲人在1765年至1776年间抗议的一切。类似物不可能在任何更早期的官方文件中寻找到。我们在这份文件中第一次发现了这样一种可怕的政治臣服:所有王国本土之外、生活于先前之国王领地的其他英国人,都必须臣服于"这个国家"的英格兰人以及他们议会的"最高权威"。这份文件的重要性没有获得美国甚或英帝国历史学家的充分理解。[4]为了澄清这一重要性,必须展示:(1)这一法案的先例;(2)对该法案核心原则的最早抵制;(3)这一核心原则的历史和宪法理由,以及反对意见的历史和宪法理由;(4)这一重要法案与美洲殖民地后续宪法抗争之间的历史联系。

查理一世(Charles I)的死刑只是扩大而非创造了议会领袖们所面对的统治问题。甚至从英国长期议会在其1642年5月27日《宣言》[5]中正式取得独立权力之后,它所行使的权力也是完全没有先例且彻底非法的,而在此之前,它的许多涉及爱尔兰的法案,尽管开始时仍然冠以国王、上议院、下议院相联合的应有形式,还是被爱尔兰人宣称为没有先例和违宪。国王(查理一世)死后,议会法案的违宪性就变得更加明显了,从而有必要创建一种新型政府来取代国王政府。新政府的第一个法案是1648年2月13日创建英国行政会议(the Council of State)的法案,其中包含了一系列指令,第一条就颁扬了对拥护保留查理二世的保皇派的镇压——"对英格兰或爱尔兰的王权,威尔士领地,或者任何其他领地或所属领土"。[6]在这些指令的另一条中,海峡群岛(the Channel Islands)及其居民被声称"属于英格兰联邦"。3月17日通过了废除国王法案[7],其中诉诸了"英格兰、爱尔兰以及各领地和所属领土之人民"。

在这些表达以及1649年之前的任何其他表达中[8],"属于"(belonging)似乎不过意味着"一部分"(a

part of)。然而,在1649年,一种新颖且更为险恶的含义出现了:各领地实际上变成了"英国的所有物"。这么做的最终后果是灾难性的,很难看出议会领袖们在那时还能做些什么。这些外部领地过去属于国王。现在,一个没有国王的政府已经建立,只有两个选项似乎是可能的:将它们置于议会控制之下,或者完全断绝对它们的所有控制。显然只有第一个选项在1649年是可行的,当然,这样做的所有后果在当时是不可能被预见到的。在某种意义上,正是这种对王位的临时废除创造出了美国革命所由发生的宪法问题。

在16世纪中叶之前,亨利八世的1532年《上诉法案》(Herry VIII's Statute of Appeals)已经宣布:"英格兰本土是一个帝国,这已举世公认,该帝国由一位至高无上的首领与国王统治,拥有帝国王位的全部尊严与财产。"[9]不过,那仅仅是说本土自身是一个帝国。议会强调的仅仅是王权与教权在英格兰本土的独立性。议会主张的是巴托鲁斯*或柳博尔德·冯·贝本伯格**所谓的抽象的混合权力(*merum et mixtum imperium*)以及某种更大一点的东西;但这仅仅是对英格兰独立主权的主张,不是对英格兰之外的土地的权力主张。对于长期议会而言,现代大英帝国的真正问题首次以确定的形式出现。从而,假如我们忽略英国议会与王国其他领地之间在中世纪后期以及现代早期的那些更早一些且不甚确定的交往关系的话,本土与领地之间的宪法关系就会首次以其现代形式呈现出来,这样一个问题始终构成大英

---

* 巴托鲁斯(Bartolus,1314—1357年),出生于萨索菲那多(Sassoferrato),十三四岁时开始学习法律,1334年在波伦亚(Bologna)获博士学位,是罗马法后注释学派的奠基者。——译者注

** 柳博尔德·冯·贝本伯格(Lupold von Bebenburg,1297—1363年),德国著名教会法学家和政治理论家,出生于法兰克骑士家庭,1353年起担任巴伐利亚巴姆贝格主教,在皇帝与教皇的冲突中属于支持皇帝的法学家群体。——译者注

帝国的核心宪法问题。

这些新式议会权力在殖民地种植园的实际调用没有什么拖延。在1650年10月3日,一项法案在议会获得通过,旨在禁止与巴巴多斯岛(Barbadoes)、弗吉尼亚(Virginia)以及其他种植园之间的贸易,法案前言宣称这些地方已经是而且仍然是"殖民地和种植园,它们由本国投入成本种植,由本国人民及其权威代表所建立,一直而且应当服从并依附于英格兰;自从殖民种植开始,它们就应当遵守英格兰议会已经或将要制定发布的各种法律、命令和条例"。[10]

1651年10月9日,英国议会制定了系列航海法案(Navigation Acts)的第一部,此类法案在催生美洲殖民地对英国议会的后续敌意方面起着非常重要的作用。[11]

不过,针对殖民领地的实际立法早就发生了,大概在上述事件之前十年,长期议会就已经开始了针对爱尔兰的一系列立法,由此引发了针对议会立法约束本土外

"王权属地"之资格的首次攻击。我们现在必须转向分析这一问题,因为这是第一次出现此类性质精准的争论,美洲13个殖民地在125年之后才会主要转向这一争论,而且,这一显著的历史类似物之重要性在很大程度上逃脱了美国历史学家的注意力。

爱尔兰与英格兰王国之宪法关系的问题在斯特拉福德伯爵(the Earl of Strafford)*被召回后不久就以相当尖锐的形式出现了。爱尔兰下议院,无疑受到英国下议院的榜样影响,从事了一项关于爱尔兰宪法苦情(grievances)的审查工作;1641年,在这项工作的进行过程中,在爱尔兰上议院的同意之下,爱尔兰下议院向爱尔兰领

---

* 斯特拉福德伯爵封号在英国历史上被创建授予过三次,这里指的是第一次,即1640年经由英格兰贵族会议(the Peerage of England)授予温特沃思男爵一世托马斯·温特沃思(Thomas Wentworth)以斯特拉福德伯爵封号,后者是国王查理一世的政策顾问和宫廷近臣。——译者注

主大法官(Lords Justices)提交了一份宪法问题清单。其中第一个问题就是:"这个王国(爱尔兰)的臣民是否是一个自由人民,只受到英格兰普通法和本王国公权力之制定法的统治?"[12]法官们在针对这一重要咨询的回答中显得小心翼翼,避免出现任何关于英国议会拘束爱尔兰之权力的直接表述;因而,诚如纳尔逊(Nalson)*所言:"下议员们并不满意于法官们镇定冷静的解决方案,倾向于投票赞成他们自身的感受,就上述咨询作出具有法律效力的宣言。"[13]他们对上述第一个问题的宣言是:"爱尔兰王国的臣民是一个自由人民,仅仅

---

* 约翰·纳尔逊(John Nalson,1638—1686年),是一名英格兰牧师、历史学家和早期托利党小册子作家,在查理二世时期是站在政府立场上的非常活跃的政论作家,主要作品是《重大国务资料正选集:从1639年苏格兰叛乱至查理一世国王被弑》。其中,第一卷发表于1682年,第二卷发表于1683年,其资料搜集和历史研究受到英格兰王室的大力支持,其研究成果成为英国革命史的重要参考。——译者注

根据如下依据被统治:英格兰普通法、爱尔兰王国议会创制的制定法以及在同一范围内适用的合法习惯。"[14]

在爱尔兰上议院和下议院于1641年6月9日联合召开的一次会议上,下议院乘势附带通过了上述宣言。帕特里克·达西骑士(Patrick Darcy)*,下议院的一名

---

* 帕特里克·达西(Patrick Darcy,1598—1668年),爱尔兰天主教联盟成员,著名律师,爱尔兰独立运动领导人之一,同时也是爱尔兰联盟宪法起草人。1641年在爱尔兰议会发表著名的关于爱尔兰自治立法权的演讲,被麦基文教授盛赞为早于美国一个多世纪提出反对英国议会主权之宪法主张的思想家。1641年爱尔兰叛乱发生,独立运动加速,1642年至1649年间爱尔兰联盟制宪进程启动,帕特里克参与宪法起草,成为爱尔兰最高议会的12名成员之一。但独立运动在1649年克伦威尔大军到来后开始衰落,1652年以重新臣服告终。帕特里克被收监审判,但最终获得释放。作为反叛者和天主教徒,他被没收土地和剥夺律师执业资格。1660年王朝复辟后,他重新获得律师执业权,但土地并未归还。1668年,他死于都柏林,墓志铭上刻着:"这里,悲伤的国度,躺着你唯一的支柱。"——译者注

天主教议员,根据下议院的指令发表了一场支持上述宣言中宪法观点的演讲。[15]这一演讲以及宣言本身构成了一个多世纪后美国反对派之核心观点的首次陈述。帕特里克·达西在美国宪政史中应有一席之地。他的总体立场在如下陈述中获得了清晰表达:"对于英格兰制定法而言,一般的制定法已被本王国在此时或彼时接受,而所有的一般制定法则是通过《波伊宁斯法》(Poynings Act, anno 10 Hen. 7)*被接受的,不过,在本王国议会接受与制定类似法案之前,没有别的制定法或新的引介性法律(introducting law)出现。"[16]他继续通过先例进行了证明。

数月之后爆发的爱尔兰叛乱成了英国议会实际执行对爱尔兰之立法权主张的直接原因,这导致了在宪法

---

* 《波伊宁斯法》是1495年由时任英国总检察长的英王代表波伊宁斯在被英国人征服的爱尔兰东南部城市德罗赫达召开的议会上通过的,对爱尔兰议会立法权进行了严重的限制。该法最终在爱尔兰民族解放运动压力下于1782年被废除。——译者注

问题上彼此煽动攻讦的激情经久不退。查理一世治下的最后一批议会法案之一就是他于1642年3月19日签署同意的《使爱尔兰反叛者服从英格兰王权和王室的法案》(An Act for the reducing of the Rebels in Ireland to their Obedience to his Majesty and the Crown England)。[17]该法案在规定其他诸多事项之外,规定了对爱尔兰及新殖民地更为宽泛的土地征收条款。紧跟着该法案的是1643年7月14日(国王逃离之后)的议会条例《爱尔兰市镇、城邑、土地上新开拓者激励条例》(an Ordinance of Parliament for the encouragement of Adventurers, to make new subscriptions for Towns, Cities, and Lands in Ireland)。[18]在1641年的英勇抵抗之后,如下现象就不足为奇了:英格兰议会对爱尔兰内部政务的新近干预将引发爱尔兰进一步的抗议宣言。

开拓者条例刚刚通过,爱尔兰天主教联盟(the Confederate Catholics of Ireland)就向位于特里姆城堡

(Trim)的国王使者呈递了抗议书[19]。其中,他们反对英格兰议会对爱尔兰议会的权力侵犯,也反对这样的宣言"爱尔兰受到英格兰制定法的约束,可以说就像400年来在这里扎根的真理和法律一样"。[20]他们抱怨道:"鉴于爱尔兰有自己的议会,英格兰制定的任何法案都不应当约束爱尔兰,除非是由爱尔兰议会创制的。"然而,英格兰议会却刚刚通过了涉及爱尔兰的开拓者法案。[21]他们进一步宣称,那部法案"尽管是由最尊贵的国王赋予效力,但其本身是不正义和无效的,使罪恶的结果得以继续……因而引发人们的抗议,这是一部没有先例、违背国王特权和王国根本法的法案"。[22]有趣的是,清教徒们在答复这些抗议时,非常谨慎地不直接否定这些宪法主张。事实上,这些主张被诸多清教徒所承认,就像它们被爱尔兰的天主教徒承认一样。甚至爱尔兰上议院在表达其对1641年11月叛乱之憎恨时,也只是承诺以如下方式予以镇压"通过本王国议会的权力,得到本王国英明君主或其首席大臣或大臣们的批准,确认为最有效的措施"。[23]

同时,有一本匿名小册子的手稿抄本广为流传,名为《关于英格兰法律和立法如何以及借助何种手段一次次地在爱尔兰生效的宣言》。这本书催生了诉诸上议院的陈情,该事项由爱尔兰议会两院同时处理,一个专门委员会被任命展开工作,全书在两院间传阅。[24]在采取任何决定性行动之前,一次休会终结了该项议事进程。不过,很快有一种答案出现了,它是以塞缪尔·马亚特(Samuel Mayart)*的名义发表的;此人是爱尔兰民事诉讼法院(Court of Common Pleas)的法官,在关于《宣言》

---

* 塞缪尔·马亚特(Samuel Mayart,?—1660年),曾担任爱尔兰法律顾问和民事诉讼法院法官,在1643年"匿名书"(《宣言》)事件中被任命为爱尔兰上议院和下议院之间的协调人,专门撰写了针对《宣言》一书的回应意见,据称反对爱尔兰反叛者的政治立场。——译者注

一书的议会议事进程中表现相当活跃。《宣言》手稿和马亚特的回应由克洛赫主教(Bishop of Clogher)约翰·斯特恩(John Sterne)持有,在1749年由瓦尔特·哈里斯(Walter Harris)作为其《爱尔兰》(Hibernica)*一书的第二部分予以印刷,随后则被放置于都柏林的三一学院,至今仍在。[25]《宣言》三一学院手稿里有理查德·波尔顿(Richard Bolton)**的名字。此人是爱尔兰大法官,该书作者通常被认为就是他,但作为编者的瓦尔特·哈里斯却认为该书由帕特里克·达西所写,因为该书与达西1641年发表的《论辨》(Argument)一书颇多相似。

---

* Hibernica是爱尔兰的拉丁文表述。——译者注

** 理查德·波尔顿(Richard Bolton,1570—1648年),英国法律师,爱尔兰大法官,17世纪30至40年代爱尔兰政治中的重要人物,出版过爱尔兰议会法律汇编和查理一世第10/11年法律汇编;1638年出版《爱尔兰的和平正义》,曾被误认为是本书提及的《宣言》一书的作者。——译者注

无论作者是谁,《宣言》都是一本标杆性的小册子。它是对英格兰议会在爱尔兰权力的最完全的否定,立论基础在于对始于亨利二世"征服"以来两国宪法关系的穷尽式审查。尽管是早早写于1644年或之前,该书的根本论点与莫利纽克斯、查尔斯·卢卡斯(Charles Lucas)*以及格拉顿(Grattan)**是一致的。书中论点得到了诸多

---

* 查尔斯·卢卡斯(Charles Lucas,1713—1771年),爱尔兰著名政治家、药剂师、物理学家,曾担任代表都柏林的爱尔兰议会议员,在爱尔兰自治问题上持激进立场,被称为"爱尔兰的威尔克斯"(这里指约翰·威尔克斯,英格兰18世纪著名的激进派政治家)。在1748年至1749年间竞选议会议员期间,卢卡斯发表了一系列宪法文章,重申了威廉·莫利纽克斯关于爱尔兰立法自治权的基本思想。——译者注

** 亨利·格拉顿(Henry Grattan,1746—1820年),爱尔兰著名政治家,爱尔兰下议院议员,是18世纪后期爱尔兰立法自治权的鼓吹者,反对1800年旨在合并爱尔兰与大不列颠的《联盟法案》(the Act of Union),但随后还是担任了位于伦敦的联合王国议会议员。——译者注

先例的支撑,这些先例在半个世纪后由莫利纽克斯出版于1698年的那本更为著名的书*中被用到。比较两书,可见后者从《宣言》一书中吸收了大量内容,尽管后者并未承认。格拉顿和弗勒德(Flood)参考了卢卡斯、斯威夫特和莫利纽克斯的书,但鲜有人提及达西或波尔顿,然而正是后者首先形成了相关的宪法理论,成为若干起抗争的基础:美洲人抵制1766年《宣言法案》;爱尔兰人反对1719年针对爱尔兰的类似法案;爱尔兰议会之地位在1782年至1801年间建立在该理论基础上,甚至某种意义上自1922年起再次建立在该理论基础上。对美国人而言,《宣言》一书在表明如下关系上显得特别重要:该书论点与1773年至1776年间由约翰·亚当斯和塞缪尔·亚当斯之类的美国政治家持有的论点之

---

* 这里指的是莫利纽克斯最著名的政治学著作《爱尔兰受制于英国议会法案的情形》(1698)。——译者注

间有着紧密的联系。查尔斯·卢卡斯对达西理论的大众化出现在其1748年针对都柏林自由公民的《演讲集》（*Addresses*）中。这一年,孟德斯鸠《论法的精神》面世。不过,与历史学家们对来自这位才华横溢又颇为浅薄的法国人关于英国宪法的错误演绎之无可置疑的影响力的普遍坚守相比,在美国宪法制度与政治理念的发展过程中,对达西、波尔顿甚或莫利纽克斯和卢卡斯作品的承认显得是多么微弱啊！[26]

由于对达西1641年的《论辨》尚存异议,该书尚不完整,他的《宣言》一书就成为美国关于本土外议会权力之宪法理论的首次展现。没有什么会比该书的再版更令人满意了,但我必须满足于概要版,一个简要的版本。

《宣言》之宪法论争的关键点在于"承认国王神圣权威的优越性并仅仅效忠和臣服于它"[27]；以及这样的宣称："爱尔兰自身是一个自由而独特的王国,其政府和英格兰王国一样是政治的和君主制的,国王的神圣权威构成爱尔兰政治体的最高象征,而英格兰议会在爱尔兰的管辖权并不超过在苏格兰的情形。"[28]总之,"一个政治体服从或臣属于另一个政治体的控制,这既不符合法律,也不符合常理"。[29]这是一种具有深远重要性的宪法观点,不只对爱尔兰重要,也对英格兰王国本土之外的所有领地重要。不过,显然要了解的是,1644年之前爱尔兰与英格兰的宪法关系以及英格兰与其他领地的宪法关系,大大不同于1603年之后英格兰与苏格兰之间的宪法关系,前者相互间要更加紧密。主要区别在于爱尔兰和其他领地适用英国普通法,终审上诉至英格兰法院,而苏格兰不存在这种制度安排。但是根据《宣言》的说法,这丝毫不影响英国议会在任何领地的立法权力;英国议会在其他领地保有的权力并不比在苏格兰更多。因为,"尽管旨在推翻爱尔兰王室法院判决的调卷令(writs of error)可能在英格兰王室法院进行追诉,但并不伴随着这样的结论,即英格兰议会可以废除、调整或改变爱尔兰的任何法律或立法,或者赋予该王国以新法;假如一则调卷令被引入英格兰以便推翻爱尔兰王室法院的某个判决,则英格兰法官并没有去调整或改变爱尔兰法律,也没有在该案中根据英格兰法律作出判决,相反,他们依据的是爱尔兰法律,也就是初审判决所适用的法律"。[30]

尽管如此,作者还是充分意识到了如下事实:1640年之前由英国议会通过的许多法律已经在爱尔兰生效,那些法律有时直接提及爱尔兰,有时没有提及。作者试图通过如下区分来克服这一困难:一是英国议会的司法权,适用于对通行于两个王国之普通法的确认或解释;二是英国议会的立法权。英国议会作为司法上诉之最高法院恰当行使的前一种权力,以及经过该种权力确认的相关法案,视为已在爱尔兰被接受且生效;但是,那些"引介性或主动性的"(introductory or positive)英国议会法案在1640年之前从未在爱尔兰生效,除非它们经由爱尔兰议会的重新立法而获得转化。这一著名区分被作为整个爱尔兰宪法主张的基础坚持到底,而且被莫利纽克斯、卢卡斯、弗勒德、格拉顿、蒙克·梅森*及其他一些人不断重申。《宣言》中的大量篇幅致力于从亨利二世时代到长期议会时期寻找有关先例来证明这一论点。最精炼地讲,这正是爱尔兰立场的要旨。即使是这样不充分的概括,也已经显示出爱尔兰立场对各殖民地的极度重要性。马亚特的回应在篇幅上四倍于《宣言》,重新审查了盎格鲁—爱尔兰宪法关系的先例并得出了在所有方面均直接抵触爱尔兰主张的结论。他的宪法立场见于如下摘要,堪比曼斯菲尔德勋爵(Lord

---

* 蒙克·梅森(Monck Mason,1726—1809年),爱尔兰著名政治家、文学研究家,曾任爱尔兰下议院议员,提出过有利于爱尔兰天主教徒的商业管理法案,但遭到英国枢密院的否决。他在爱尔兰被合并前的最后一届议会中投票支持《联盟法案》。——译者注

Mansfield)*随后在美国问题上所持的观点。

爱尔兰"曾经是而且依然是与之相联合的英格兰的一个成员,是英格兰统治下的一个组成部分,一个省"。[31]"爱尔兰是英格兰的一个组成部分,一个成员,一直被英格兰法律统治着,遵从英国议会制定的各种法律。"[32]

"许多特权市和自治市镇,无论是在英格兰还是在爱尔兰,都有权制定约束自身的附属立法(by-laws)……因此爱尔兰有权制定约束自身的法律,而且也这样做过……但无权制定约束或排除英格兰议会的法律,英格兰议会有权且曾经给爱尔兰立法,而且还有权随意遵守或废除自身制定的法律。"[33]

马亚特拒绝接受《宣言》中关于确认性(affirmative)法律和"引介性"(introductory)法律的区分,这一区分将

---

* 曼斯菲尔德勋爵(1705—1793年),英国著名政治家、大律师、法官,以对英国法的改革著称。——译者注

影响到议会的权力。"制定宣言性(declaratory)法律的权力和制定引介性法律的权力是同一种权力……因此,如果议会拥有制定一种法律的权力,也就必然拥有制定另一种法律的权力。"[34]"因为有权宣布什么是法律并根据所宣布内容予以执行,是处于命令地位的权力以及处于服从地位的臣属内在共同承认的最具确定性、最不容否认的立场。"[35]

"因为英格兰王室法院有权撤销爱尔兰的法律判决,并根据自身判决而不是爱尔兰判决来宣布法律,爱尔兰应当而且一直予以服从,因此,英格兰议会有着远超爱尔兰的权力来撤销或改变爱尔兰法律,或者赋予后者以新法。如果英格兰议会对爱尔兰拥有任何权力的话,就必须在立法上拥有相应权力;因为议会的权力主要包括改变、撤销法律和赋予新法,假如这种权力被否认的话,议会就几乎没有什么权力了。"[36]

针对《宣言》声称的由不熟悉爱尔兰状况的英格兰

人为爱尔兰制定法律是不正义的这一观点——听起来很像出自美国革命派学者之口——马亚特回应道:"现在不应当有什么疑问,他们最好知道,英格兰的立法者比爱尔兰人自己更知道什么样的法律适合他们(爱尔兰人)。"[37]他的另外一个观点,与后来主张的"真实代表"(virtual representation)没什么两样,声称:"爱尔兰人的自由、生命和财产应当受到英格兰制定法的约束,因为他们是英联邦的成员,也是此地法律的当事人。"[38]由于这一点显而易见,他声称:"英格兰议会法案曾经约束过像威尔士那样的领地和像切斯特那样的郡首府,但这些地方并不是派出骑士或议员代表的主体或当事方。然而,就像作者声称适用于爱尔兰的原则一样,基于某个可能已被宣扬过的重大理由,这些地方似乎应当免于英格兰议会的约束。不过,我的结论是,每一部约束联邦整体的制定法案,都必须得到国王、议会上院和议会下院的同意;因而,此类法案并不需要囊括来自每一个封邑、领地或郡的骑士或议员代表;而是议会中聚集起来的三个阶层的同意应当约束英格兰王权治下的所有成员,以及臣服于这一权力的所有其他主体。"[39] "并不是爱尔兰的国家状况抑或有海洋贯穿两国之间就能够使政府发生分离……假使英格兰国王征服了所有的海外领地,赋予英格兰法律并将之纳入英格兰王权之下,我想不会有人声称地理距离会动摇英格兰政府的权力;爱尔兰也一样……因此,在这种情形下,爱尔兰作为英格兰王权的一分子已被结合进同样的体系之中,接受了来自王权的精神(也就是法律):亦即,如果我们将英格兰和爱尔兰视为同一个政治体(并非在所有方面均可与自然体相比),同时由于爱尔兰是英格兰政治体的一员,我们或许可以从上述所有陈述中得出结论,认为爱尔兰处于英格兰议会的管辖权之下,且臣服于后者。"[40]

之后的一段时期,也就是长期议会的后续会期以及英联邦与护国公时期,关于盎格鲁—爱尔兰关系的宪法争论并不多见。英国议会不再有合法权利的阴影,也不再面对确认性法律和"引介性"法律的区分,而是将其绝对意志凌驾于本土及"领地和所属领土",爱尔兰也在其中。

王权复辟恢复了国王以及英格兰的宪政体制,但在领地范围内没有什么实际变化。同时,王权复辟所保留的事物,光荣革命——予以确立,并使其合宪,只要法律形式允许做成。在加冕宣誓中,新主权者"将根据议会同意的制定法及其分门别类的法律和习惯,来统治大不列颠王国及其所属领地之人民"。[41]

自爱德华二世继位以来的加冕宣誓仅仅是作出这样的承诺:你是否能承诺新法律的制定能增进上帝的荣耀与公共利益,同时要合乎人民的习惯并得到其同意?我能承诺。[42]查理一世相应的加冕承诺是:"你将乐于持有和保持你的王国所共有的法律和正当习惯;你将以所承受的全部的上帝荣光来捍卫和支持它们吗?"[43]实际上,这种宣誓在詹姆士二世的加冕礼上亦毫无改变。尽管法律来自人民的选定(*quas vulgus elegerit*),但"你的王国共有的法律和正当习惯"对于领地人民而言,似乎并非他们"所有",既不是他们曾经"选择"过的,也不是将要作出选择的,更不是他们自己"同意"过的,而是由一个在王国本土范围内排他性地选举出的议会为他们作出"同意"的。

虽然光荣革命正式确立了英国议会对殖民领地的权力,但距离这一权力在爱尔兰再次遭遇挑战的时刻并不太久。1698年,在都柏林出现了一册174页小开本的书,标题是《爱尔兰受制于英国议会法案的情形》,作者是都柏林的威廉·莫利纽克斯。

数学家威廉·莫利纽克斯是清教徒,也是爱尔兰议会议员,还是约翰·洛克(John Locke)的密友和传记作者,分享着洛克的政治观点。此外,他是身为反詹姆士二世党人(the Jacobites)的威廉三世的热情拥趸;他的小书就是题献给威廉三世的。

作为一名威廉三世党人——全盘接受爱尔兰和英

格兰王权之间的现有关系——的作品,该书显得更为重要。不过,莫利纽克斯就像半个世纪前的天主教徒达西一样,否认英格兰议会对爱尔兰的权力。达西《宣言》中的有关论点被他重复,并得到诸多先例的支持。尽管《宣言》直到半个世纪之后才正式付印,究其原因,最有可能的是其中一份手稿抄件落到了莫利纽克斯手中。不过,声称莫利纽克斯仅仅是一名抄袭者,这是不公正的。他使用的很多材料来自《宣言》,但却是以更为通顺、系统的全新形式组织起来的,某些有分量的新观点被添加进来了,英国议会在1640年至1698年间关于爱尔兰的立法也获得了附带讨论。这是一本划时代的作品,堪当其所创造的轰动效应。从其出现的时代直到今天,可以毫不过分地说,它所处理的宪法问题,已经成为英国政治家不得不竞逐其中的最持久且最困惑的问题。莫利纽克斯的命题是达西式的:1640年之前,所有针对爱尔兰的英国法案只有在爱尔兰二次立法之后才能生效,经过普通法确认的相关法案除外。除此之外的所有法案都是篡权,得不到古代先例的支持,是违宪的。爱尔兰是一个分立的王国,独立于英格兰及其议会,只臣服于国王本身。

英国议会对该书愤愤不平,下议院任命了一个专门委员会来研究对策,得出的研究报告成为一项全体一致之解决方案的基础:"所涉之书通过否认英格兰国王与议会对爱尔兰王国及其人民的约束权力,将会对英格兰王权及其人民以及爱尔兰已经并应当继续对英格兰表现出的臣服与依附——爱尔兰通过臣服和依附而被联合编组进本土的帝国王权体系之内——造成危险后果。"[44]议会随后向国王陈情,谴责该书及其宣扬的理论,请求全力以赴节制爱尔兰议会。对此,国王回复道:"朕将关注此事,确保所陈之事可以按照下议院所请得到防范和补救。"[45]莫利纽克斯直到亲眼看到议会如何对待该书才开始担忧起自身的遭际,因为在下议院行动之前的一个月他曾去信给洛克,声称他"不认为转换立场的建议是值得考虑的"。[46]

从那时起,此要害问题从未休眠太久。安妮女王和乔治一世的议会在约束爱尔兰的已显冗长的"违宪"法案清单上继续添加了诸多条目,而爱尔兰反对这些法案的骚动在数量和苦情程度上均大大增加。1724年,斯威夫特在《垂皮尔书简》(*The Drapier's Letters*)中写道:"一个'依附性王国'不过只是一个现代艺术术语,据我所知,所有的古代文官以及致力于政府主题的作家对此都闻所未闻……我翻阅所有的英格兰和爱尔兰制定法,没有发现任何一部法律使得爱尔兰对英格兰的依附超过英格兰对爱尔兰的依附。我们事实上已使自身与他们共有一个国王,结果就是它们也有义务与我们共有一个国王。法律是由我们自己的议会制定的,我们的先辈不是傻瓜(无论他们处于怎样的前期统治之中),不会让自身屈就于我所不知的依附之下,这种依附如今正在被大谈特谈,但却没有任何法律、理性或常识作为基础。"

"随便别人怎么想,我,垂皮尔(M. B. Drapier),希望是个例外,因为我宣布除了上帝,我仅仅依附于我的主权者国王以及我自己国家的法律……千真万确的是,在人们的记忆中,英格兰历届议会有时掌控着约束爱尔兰王国的权力,通过在他们那里制定的法律来予以实现。这些做法最先是遭到大名鼎鼎的莫利纽克斯先生——一个出生在爱尔兰的英国绅士——的公开反对(再正确不过了,理性和正义足以要求反对),其他一些伟大的爱国者以及英格兰最出色的辉格党人也持反对立场;不过,所谓的权力本身的仁爱和宽容占了上风。事实上双方的观点都是无可匹敌的。因为从理性上讲,任何未获得被统治者同意的统治,恰恰就是奴役的定义;但从事实上讲,十一个全副武装的人肯定能够轻而易举地征服一个孤立的人。"[47]

斯威夫特的辛辣讽刺有些稍稍越靶。莫利纽克斯不仅仅是受到了"权力之宽容"的回应。该书刚一问世,至少出现了两种辩理式的回应:其一是约翰·卡里(John Cary)1698年在伦敦发表的《对英格兰议会的一种辩护:回应都柏林的威廉·莫利纽克斯新书〈爱尔兰受制于英国议会法案的情形〉》;其二同样是1698年在伦敦发表的《爱尔兰依附于英格兰王国之帝国王权的历史与理由:对莫利纽克斯先生〈爱尔兰受制于英国议会法案的情形〉一书的驳论》。后一回应的作者是威廉·阿特伍德(William Atwood),从其后续经历来看,美国人还会对他有格外的兴趣,因为他随后担任了纽约(the Province of New York)的首席大法官,那更是一个风暴交加的职业。他顽固坚持海事法院(the Court of Admiralty)的各种主张,这种司法管辖构成了美国人巨大苦难的一种来源,随后成为宪法斗争的重要议题。阿特伍德还是议会权力最大化毫不妥协的鼓吹者,为了支持这一点,他时常陷入与英格兰托利党人、苏格兰人、爱尔兰人以及美洲人的冲突之中。

不过,斯威夫特在文章中指涉的反对爱尔兰的"无可匹敌的观点",无疑是指 1719 年《宣言法案》(*the Declaratory Act*)[48],其中,英格兰议会宣称对爱尔兰拥有绝对权力;1766 年,该议会运用同样的术语对美洲殖民地主张同样的权力。这两种情形下的宪法问题是完全一样的,1766 年《宣言法案》除了某些用语以及将爱尔兰换成美洲之外,在主旨和措词上与 1719 年《宣言法案》如出一辙,由此可以看出就是从之前的法案直接抄过来的。[49]

大约在 18 世纪中期,爱尔兰人的躁动情绪被重新刷新,这来自于查尔斯·卢卡斯那些被广泛传阅的演讲词和宣传小册子。他的宪法观点与莫利纽克斯相同[50],但是他所维护的那个人(爱尔兰)无法对抗十一个全副武装的人,直到美国独立战争的潮流逆转,才赋予了爱尔兰领导者寻求近一个半世纪的理想以现实化前景。

格拉顿和弗勒德凭借在18世纪80年代爱尔兰议会里的卓越领导力和演讲术,再次以全部的原有观点和先例刷新了上述议题,而且这一次成功推动废除了英格兰议会通过的可恶的1719年《宣言法案》;随后,尽管格拉顿认为并无必要,还是正式废止(renunciation)了在任何情形下约束爱尔兰议会的任何权力。紧接着,爱尔兰议会又废除了《波伊宁斯法》。[51]

在所有这些法案中,《废止法案》(the Renunciatory Act)是最重要的。该法案宣称:"爱尔兰人民主张拥有只受法律约束的权利,这里的法律在任何情形下都只能由其君王及本王国议会来加以制定……这种权利将会是而且已被宣布为确立起来的永固权利,今后任何时刻都不得被质疑或成为可质疑的对象。"这是在1783年。最近,西德尼·乔治·费希尔(Sidney George Fisher)先生写道:"假定存在帝国的任何一部分是议会之全部权力所不及的,这在1774年和在今天一样显得荒唐。议会对美洲人民拥有和对伦敦人民同样的权力……然而,殖民地人民吁求一种在英国宪法古代形式下相对于议会的独立性——该种宪法形式已在前一世纪被殖民者的朋友们辉格党人及威廉三世所废除。"[52]我想我已无需赘评。

《废止法案》的措词明智地尽可能避免在如下恼人问题上给出任何承诺:"爱尔兰人民主张的权利"在过去的合理存在;不过,即使忽略过去,假如这完全是一种"权利"的话,又假如各殖民地的情形都与爱尔兰相似,就像加尔文案(Calvin's Case)和克劳诉拉姆齐案(Craw v. Ramsay)所表明的,人们也不能贸然断定:"如果有关决定被放到所涉法律原则上进行公正考量的话,殖民地人民就会输掉官司。"[53]在英国上议院关于《废止法案》的辩论中,阿宾顿勋爵(Lord Abington)宣称,1719年针对爱尔兰的《宣言法案》是"篡权"[54],里士满公爵(the Duke of Richmond)接着说:"没有哪一个国家有为另一个国家立法的权利,无论是内在的还是外在的,除非他国选择服从此类立法。"[55]在同一个议会,上议院和下议院同时还在辩论与其前美洲殖民者之间的最终和平形式。

只要对美国革命之研究具有任何相关性,爱尔兰的宪法类似物(constitutional parallel)如今就会被追随,不过以下判断肯定是显而易见的:爱尔兰的抗争行动,开始于1641年,几乎无间断地持续至美国宪法斗争的结束,为美国历史学家提供了至为重要的材料。在这两种斗争情形下,最终议题是完全一样的,而且两者的处境也几乎相同。爱尔兰和美洲均勉强承认它们与英国国王的联系,不过也都否认英国议会的约束权力。宪法问题在爱尔兰比在美国要早一个多世纪被提出来,这只是因为英国议会权力在爱尔兰的实际运用在长期议会刚取得该种权力时即已构成一种现实的苦难。在美洲,由于法律执行更为松弛、距离更遥远及其他一些原因,这个问题被长期搁置。不过在这两种情形下,对权力的主张是完全一致的,完全基于同样的基础,而对权力主张的反对在根本上也基于同样的关系概念,即存在于王国本土和王国其他领地之间的关系。

爱尔兰人在这些共同宪法主张上的坚持,事实上要比美国人自身在彻底探究美国革命起因上形成的独自观点更加深远。在所有与美国革命可比的宪法类似物上,爱尔兰个案是在英国史上可找到的最接近、最具确定性和可知性且最持久的例子。该个案于相同问题在美国被严肃提出之前的125年就已经开始,与美国的斗争并驾齐驱直至眼下,且在每一点上都基于对英国宪法及其历史先例之深思熟虑的解释。这一类似物太过触目惊心,以至于我的好奇心膨胀,认定它在很大程度上被从事于独立革命时期宪政史研究的学者们所忽视。

爱尔兰制度试验随后遭遇的失败,毫不影响1782年之前宪法斗争的重要性以及这一时期爱尔兰有关主张的价值。从宪法观点来看,失败主要归咎于这样一个事实,即在任何一种"责任政府"(responsible government)形式下,立法独立在欠缺自治(self-government)条件时是不能运转的。如今所谓的"自治领地位"(Dominion status)不同于爱尔兰在1782年至1801年间的地位,简言之,"自治领地位"意味着在缺乏法律上立法独立的条件下享有事实上的自治,而彼时的爱尔兰是在欠缺自治条件下享有立法独立。自1922年开始,爱尔兰南部无论是在自治还是在法律保障的立法独立上均享有超过其他王国领地的权力,这就承诺了一个新的爱尔兰自由国家,这是格拉顿时期的爱尔兰从未拥有过的。同样的趋势导致存在于北美13个殖民地的旧殖民体系完全崩溃,半个世纪后,存在于剩余之陆上殖民地的同一体系濒临崩溃;还导致诸如布勒(Buller)、韦克菲尔德(Wakefield)和德拉姆勋爵(Lord Durham)之类的人士对顽固教条之历任殖民地大臣(Colonial Secretaries)及其下更顽固官员之间——在光明最终破晓以及关于领地统治之恼人问题的任何一种有希望的解决方案被找到之前——前后相承表现的反复攻击。议会制政府可能是如今所知的代议制度中最发达的形式;它甚至比在美国发展起来的"总统制"形式更为先进,但也白璧微瑕,即导致一种不合逻辑、几乎不可能成立的"依附性政府"(government of dependencies)。因为这一制度在母国的完美性反而放大了"英国属地"的依附性地位。约翰·拉塞尔勋爵(Lord John Russel)和乔治·康沃尔·刘易斯爵士(Sir George Cornewall Lewis)坚持认为"自治"和"依附"是相互矛盾的,这在逻辑上显然正确,而罗伯特·博登爵士(Sir Robert Borden)在1917年用以称呼大英帝国的名号——"作为帝国联邦的自治国家联合体"——更是证明了这一点。

他们的观点尽管适用情境不同,但却与曼斯菲尔德勋爵在1766年反对美国的主张一致,后者声称"在每一个政府中,立法权必须落实于某处,而行政权也必须落实于某处。在大不列颠,立法权归议会,行政权归国王"。[56]对所有这些循规蹈矩者而言,梅特兰(Maitland)教授后来的警告都是同等适用的:"某些友好的批评家会说,在过去,我们能够接受逻辑华丽但脆弱的若干理论,是因为我们确知它们从来不会遭遇到严重的张力。某些人会警告我们,在未来,我们越少论及位于孤地威斯敏斯特的那种超法律、超法理的集权形式——集中于一个日益复杂化之联邦的某个单一机构——该联邦在面临那些即将到来的紧张日子时处境就会更好。"[57]爱尔兰和美国的历史甚至在"过去"就已经展现出了诸多张力,导致某些"脆弱理论"支离破碎。不过,尽管在逻辑上正确,这些人在反对始自1640年且已造成帝国极度窘迫之问题的唯一有希望的现实方案时,在实践上完全错误,而且拙劣盲目——不谈及法律。依附不得不减弱,而自治则相应加强。必然的结果就是出现一个自治国家的联盟,但这至少是一个联盟,以当今大英帝国的实况言之,如果不从法律上界定的话,就是一系列"自治殖民地"。这样的问题只有在议会制政府之下才出现,其余情形下从未产生。正是韦克菲尔德及其同事的天赋看到了议会制政府同样构成了唯一的解决方案,即新的有限君主制的核心原则是保留宽泛的权力给国王但只有人民的代表可以行使,这在如今似乎可以像曾经拯救王国本土一样来拯救整个帝国。此种解决方案开始于1847年,但其对爱尔兰的适用一直延搁至1922年。

前已述及,这里的问题和解决方案都是由"议会制"这样的制度造成的,伴随内阁制政府的每一步发展,该问题都会变得愈加困难,直至寻找到最终的解决方案。单纯的立法独立或许已可解决17世纪的爱尔兰问题,因为爱尔兰的行政权在事实和法律上均由国王代表来行使,基本不服从于国王的英格兰议会。但两个世纪之后,这已变得不可能,因为伴随着英格兰"责任制政府"的每一次进步,王权之下的所有公务员都越来越服从于英格兰议会的命令,而且只服从于它。相应的,爱尔兰以及其他领地的人民也越来越服从于英格兰人民的控制。随着英格兰"自治"的增强,其他领地的"依附"也在增强,这就造成了一个领地依赖于另一个领地,一地人民臣服于另一地人民。按照英格兰责任制政府的进步程度,单纯的立法独立作为任何领地问题的解决方案越来越不让人满意。不过这些层面主要与大英帝国以及爱尔兰特定时期有关,尤其是1782年至1922年间;它们对如下问题之影响不甚重要:更古老的在严格的法律或宪法层面的爱尔兰地位问题;总体上的旧殖民体系;以及对旧殖民体系之美洲部分的法律适用。

迄今为止,对于爱尔兰和英格兰的宪法关系,只是根据一个先例以及与18世纪美国宪法斗争的类比而进行了简要的讨论。在这一点上,我最初的意图,是插入关于爱尔兰领袖及其观点对美国"革命"领袖宪法观点发展之实际影响的调研结果。不过,进一步思考之后,我得出结论,认为这一有趣主题应该留作分别和独立的处理。这是一个值得获取更多关注的主题;不过,它也只是补充性的,没有必要人为拔高早期爱尔兰先例对美国主张的适度影响,也不必刻意证明其历史正确性。因此,我决定将这部分主题处理限制于:将爱尔兰先例仅仅作为一种类似物和来源物,根据更早期的英国宪政史而不是当代影响来加以审视。

不过,即便只是作为美国宪政主义之类似物和来源物,这些爱尔兰先例也已经在美国历史上具有了直接分量。假如这些先例与美国的革命主张在实践上一致,就像我试图展示的那样,它们作为对宪法性法律之解释的正确与否,就必然会加强或削弱美国领袖们赖以反对英国议会权力之相关立论的力量。它们至少就美国人在宪法上"正确"还是"错误"这一问题提供了部分答案。如果爱尔兰人是"正确"的,美国人在很大程度上也就是"正确"的;如果是爱尔兰人是"错误"的,则美国人的主张就会被明显削弱。于是,从这一角度对爱尔兰主张加以审视便不可避免了,尽管必须坦率承认这是一个无比艰难的主题。主要困难在于爱尔兰的如下核心假定:1640年之前,英格兰制定法中唯一无需爱尔兰再立法而获得直接承认的,就是经由普通法确认过的那些法案。如果这一假定是对的,则爱尔兰人的诸多主张就必须被承认,有利于美国人今后之观点的牢固基础也就确立起来了。然而,必须承认,这一根本假定的证据是一个非常困难的问题,尽管反证也同等困难。没有什么比这个主题更需要时刻将亚里士多德的警告铭记于心:"一个有教养的人将会在每一个主题上期待一种准确性,只要该主题的性质允许如此;他在从一位修辞学家那里要求决定性证据(demonstrative proofs)时,也会接受来自一位数学家的可能性推理。"[58]法律先例一直都是作为存在于被引用时之事实的结论性证据而获得引用的,但它们并不总是构成亚里士多德所谓的"决定性证据"。关于"确认性法案",爱尔兰人自信满满地主张,英国议会那些古老的法案在本质上只是对已然存在之普通法的确认,而作为反对者的英格兰人对此则自信满满地加以否认。困难在于这样一个事实:关于宣告旧法的法案与引介新法的法案之间的区分,并没有清晰地呈现在制定了诸多此类法案的英国议会心目之中。这一区分相对出现较晚,是由有关法院在后期制定法解释中予以调用的,但在诸多此类法案首次形成时完全没有被关注到。这一区分之不确定性的另外一个原因是,在受到质疑之最早期法案产生的时代,议会在形式上还不成熟,同时关于国王和议会关系的知识也存在颇多含糊之处。然而,所有因素中最大的不确定性可能要归咎于这样一个事实:我们现在几乎不可能知晓,在一个"制定法"(statute)这一术语本身尚未发展出其现代确定的技术性含义的时代,实际上到底何者能够构成一部"制定法"。在此处境下,确定性地判断一部给定的"制定法"是不是"确认性"的,实在是一项远比争议双方可能承受的任务更为艰巨的任务。我们或许有时不得不满足于一种单纯的可能性,即只要他们主张且确信他们已确立了一种决定性证据即可。事实上,由于当时代人自身对此都既不清晰,也不确定,我们自然很难清晰地重建历史中的理念、概念或程序形式。将更晚期且更尖锐的区分解读进无处安放的早期时代,对此,不可单纯归咎于糟糕的历史来源。如果我们确实希求真相,就不得不在某种程度上满足于比绝对证明更弱的形式。就像梅特兰欣然指出的那样,我们最好满足于"一种被确信的不确定性"。

对于确认性法案和引介性法案之区分获得清晰确

认之后的立法时代,或许有关断言可以很自信地作出,但即便如此,我们的困难依然无法终结,因为新法和确认性旧法本身并无识别性标签,只能通过对法案内容与制定时已存在之法律的仔细比对来加以区分。因此,莫利纽克斯声称亨利三世的《爱尔兰法》(the Statutum Hiberniae,14 Herry Ⅲ)"很显然,不过是在那种情形下对英格兰普通法是什么的一种证明,对此,爱尔兰在《初始公约》(the Original Compact)中已受其辖制,因而它也不过就是证明了英格兰议会可能对爱尔兰有约束权,就像罗马在接受《十二铜表法》之后,假如他们事前曾派人赴希腊了解过法律,也就可以说罗马是服从于希腊的"。[59]

在这一特定情形下,法案用语本身似乎就能证成莫利纽克斯的解释,但其他情形下就无法如此清晰了,而阿特伍德认为他引证过若干部"引介性"法案。[60]

莫利纽克斯及其反对者引述的"证据"自当在他们所著的书中寻求:用简短的摘要来陈述显然不公平,在本书此处的短小篇幅中也很难发现更多信息。我不得不满足于来自如下来源的提示:我自身对他们著作的印象,以及对相关先例所处时代的制度研究。

对莫利纽克斯及其反对者相关主张之相对优劣的任何评断,高度依赖于系争法案所属时代之制度与人心的真实属性,以至于必须首先陈述相关背景。因此,我将从我若干年前完成的一篇相关论文中自由引证,那篇论文被收入纪念《自由大宪章》(Magna Carta)700周年的一部研究文集,文章标题为《自由大宪章与普通法》[61]:

> 首先——中世纪后期英格兰实体法的制定,主要目的在于确认已获赞成的法律或清除妨害法律正当执行的滥权行为——"pur surement garder les Loies ove due execution et hastif remedie pur abusion de la Loye an usurpation."[62]。

> 这种确认暗含着频繁的法律解释,旨在提

供附加处罚以确保法律的合理执行,甚至为此目的进行补充性立法。这最终导致了法律本身的变化,但此类变化是逐渐发生的,而且主要是附随性的,并非立法的主要目的。废除已被运用和赞成的法律在初期并未被考虑到。法律的废除是逐渐到来的,而且是以清除有关法律条款——这些条款被错误地解释或添加到了旧的法律之上——的外观形式进行的,并非直接清除法律本身。至少在早期,旧法本身的实质性在理论上是不可废除的。当制定法被废除时,惯常理由就是它们与英格兰固有法律或特权法相违背。在早期,废除法律严格而言不过是对"僭越式滥权行为"的补救。在秩序混乱的年代,14至15世纪,整个议会有时都会被废除,不过给出的理由通常是议会的召集不合常规或它们制定的法案本身违法。仅仅是到了一个相对晚近的时期,对制定法的废除才被公开承认为议会的目的之一;即便那时,该种权力也很难被视为达到了普通法核心原则的高度。比较而言,对14至15世纪议会投票的审视表明,议会的首要任务,是对整个根本法体系包括国王历届前任之制定法的再立法与确认。这在关于议会目的的"声明"(Pronunciationes)中屡屡被提及,亦在下议院的各式请愿中列于首位。这么说不会逾越真相:在这一时期,议会在其"立法"能力范围内,作为确认性主体超越其他一切,因为总体来看这些确认性成果几乎是永恒不变的。[63]只是在这一阶段的后期,下议院在被请求确认先前立法时,才开始增加使用一个重要的术语"废除权"。[64]如下二者之间存在一种显著且很可能不是偶然性的相似性:每一届议会开始时反复确认的法案,与每一位国王登基之初的早期诏书。

其次——立法过程的参与基于这样一种理论:有约束力的法律制定只能由受影响者作出。套用布拉克顿之语,这必须是一部"采用者同意"(approbata utentium)的法律。如果一项立法要约束僧侣,则必须征得僧侣同意;如果一项立法要约束男爵,则必须征得男爵同意;一个仅仅影响商人的条款也只需要获得商人的同意即可具备约束力;关于特定街区的法律,在"更多采用者同意"(more approbata utentium)条件下被承认为有效。同理,"影响所有人的法律应当得到所有人的同意"。[65]而影响所有人的法律是对所有人都普适的——"普通法、国内法、王国法"(lex communis, lex terrae, lex regni)。

基于同意理论,格兰维尔(Glanvil)试图将封建条件整合入罗马术语之中,声称人民制定过一部得到遥不可追之习惯"同意"的法律;在他之前很多年,罗马律师以同样方式在遗嘱继承法的发展脉络中对《十二铜表法》中的"财产遗嘱"(uti legassit)作出解释。果真如此,则以罗马法吸收英格兰习惯就不显得荒唐了。这当然只是被看到了"前脚"(prolege)。对于地方习惯和特定习惯,这里的脉络已足够清晰。不过普通法又如何呢?它如何能够被真正地称作是制定的、确认的以及"采用者同意的"?

对于13世纪大部分时间而言,贵族,无论是世俗的还是神职的,理所当然地宣称只有他们才是"人民"(populus);"所有人"除了他们,别无他人。"人民"在那个时代以那种含义被频繁使用,他们的同意似乎就被认为是整个王国的同意。但是到了14世纪就发生了变化。

贵族领地旁的其他公社(communes)正在使自身于国务会议(national council)中被感知到,也就是作为"盎格鲁公社"(communitas bacheleriæ Angliæ)[66],那些集镇的各个公社自认为属于适用"公社法"之"盎格鲁公社"[67]的一部分。一个引人注目的事实是:爱德华原则,即影响所有人的法律需要得到所有人的同意,长期徘徊于公社旁裹足不前,直到19世纪的《改革法案》(the Reform Bills)出台。贵族有权参加普通法的制定,普通法也适用于他们。而到了14世纪,各郡和各集镇的公社已经成功地在议会中为自身属于"人民"之一部分的主张进行了辩护,认为法律以及所有确认法律的条款对于人民而言都是普遍的。

很显然,在议会组成按照19世纪立法重置之前,这样的原则不可能得到实施,事实上也很难兴起。自然地,当议会组成依然没有解决时,这一原则就会遭到质疑。即使一部法律必须是"采用者同意的",整体的"盎格鲁公社"如何在议会中表示同意呢?起初,很显然的是,当议会组成起伏不定时,对于某部立法的效力确实存在怀疑,直到有关立法在全国各地宣告之后。同意理论是逐渐兴起的,整个英格兰都被认为处于议会之中;所有人都被假定在议会现场对议会行为表示同意。代表理论在14世纪已经完备。当我们记住上述现象在此后500年依然如此,甚至今天在某种程度上亦然时,那么大部分代表只是"实质"(virtual)代表这一事实就没必要引起我们过多关注了。同意理论也不必然赋予议会中的等级以专属权利去对特定人、阶级或地区立法。那完全可以由国王在受影响者同意下通过特许状或其

72

他形式来处理。国王许可无需得到议会中"所有"等级之同意,除非相关立法触及所有等级因而需要它们给出同意。明显触及所有人的一种情形是某部立法影响到了"公社法"。对此,"所有"人的同意是必要的。[68]

如果以上陈述是正确的,人们就可以说,在确认性法案和引介性法案之明确区分兴起之前,"制定法"实际上都是确认性法案;当"制定法"最终趋于一种确定性立法类型时,它首先不过是指对已然存在之习惯法的正式制定或确认。在这一时期——上述区分出现之前——历史可能性似乎倾向于莫利纽克斯及其前辈们之解释,而不是其英格兰反对者之解释。

对这一时期之后相关时段——也就是确认性法律和"引介性"法律之区分获得清晰理解的时段——的任何考量,如有可能,我们必须首先去发现到底何时产生了这样的理解。

关于普拉克内特(Plucknett)先生对我上述提及的法律确认理论之批评,我发现自己完全同意他的陈述;他认为"在爱德华家族前三世的统治年鉴中,没有任何迹象表明他们认为制定法在本质上是对普通法的确认……也找不到任何与之类似的法律和立法理论。14世纪的英国满足于见证事实,而将理论抛到一边"。[69]我最初的理论就是认为,法律确认是一种事实而不是一种理论。这种理论自然很难超越立法的自觉期而单独往前追溯。两个事物在各自获得清晰理解之前通常不会产生冲突。作为立法理论的确认理论,在"立法"使之显著化之前是不可能出现的,而自觉性"立法"在15世纪之前更难觅寻。法律确认理论不可能早于这一时期。在15世纪中期之前甚或当时,我不确定该种理论是否已存在。菲茨赫伯特的《判例节略》(Fitzherbert's *Abridgement*)出版于亨利八世早期,完全没有提及确认理论。布鲁克的《判例节略》(Brooke's *Abridgement*),可能写作于玛丽女王时期,对两种法律的区分已清晰可见。[70]从而,对新法的宣告与对旧法的确认之间的自觉区分,对我们而言只能可靠地适用到都铎王朝与后都铎王朝针对爱尔兰的有关立法之上。

这些立法无疑确立了新的法律,有时是默认扩及爱尔兰,有时则是明确扩及爱尔兰。莫利纽克斯承认这一点,但是宣称至少在1640年之前,这些法律在爱尔兰生效前必须经过爱尔兰议会的再立法,那些未经再立法程序的法律从未在爱尔兰生效,而不经再立法直接生效的英格兰法律仅仅是那些对普通法进行确认的法律。这个问题在此已阐述得足够清晰。就证据而言,莫利纽克斯能够援引大量的经过爱尔兰再立法的英格兰法案,而某些再立法记录的缺失,则可归咎于爱尔兰诸多立法记录之毁灭或散佚这一确凿事实。他提及位于德罗赫达(Drogheda)的爱尔兰议会在亨利七世(《波伊宁斯法》)[71]在位第十年里对所有早期英格兰制定法进行的整体性立法,宣称引介新法的英格兰法案从那时起"在未经当地议会允许条件下是否应当约束爱尔兰这个问题上从未遭到质疑;直到晚近时期,这种质疑才开始松动滋长"。[72]他本身将《波伊宁斯法》视为其立论的一个证据,这是一部爱尔兰法案,旨在防止爱尔兰立法对英格兰的敌意。"不过,这是一种没有必要的警戒,如果英格兰国王和议会有权在任何时刻撤销或废止爱尔兰的任何立法进程的话。"[73]

不用说,这些在卡里和阿特伍德那里都会得到完全不同的解释,而作出评断非常困难。爱尔兰本身的再立法并非英格兰议会无权约束爱尔兰的绝对证据。事实上,绝对证据与绝对反证都找不到,因为并不存在关于英格兰议会主张的宣言,在爱尔兰也不存在关于此种主张的任何直接的批判。

尽管确认性法案和引介性法案的区分是一个在爱尔兰比在美国有着更大直接重要性的问题,基于这一区分而得出的关于英格兰议会权力的结论,对两者却是同等重要的,且关于这一区分的爱尔兰史合理地成了美国宪政史的一部分。

不过,断定这一区分在联合王国之外不起直接作用,将会是一个错误。1720年,理查德·韦斯特(Richard West),时任爱尔兰贸易理事会顾问,后任爱尔兰大法官,建议该理事会承认在某殖民地设置之前英格兰通过的"所有确认普通法的制定法"于该殖民地一律生效,但除此之外"不再有什么制定法",除非各殖民地予以特别提及。[74]指出如下这点会很有趣:上述观点在针对爱尔兰的《宣言法案》(1719)颁布之后的那一年提出,没有对非确认性法案在殖民地设置之前或之后效力如何作出区分性主张,尽管此类主张在随后的同类意见中得到了明确阐发。[75]

就爱尔兰本身而言,这一问题直到1641年才被尖锐地提出来,随后爱尔兰的批判具有了迅捷性和决定性。仅仅站在爱尔兰立场上,他们从1485年至1641年的先例很难确保得出一种安全可靠的有利判断,幸好他们并不特别拘泥于自身立场。在国王所属其他领地以及由加尔文案界定的效忠国王的一般属性中,存在着某些证据,在我看来,这些证据如果和爱尔兰先例整合起来思考,就会将结论可能性确凿地引向爱尔兰关于议会权力的观点一边。我现在必须转向这些证据,首先转向由英格兰议会与爱尔兰之外的其他早期领地之关系所提供的相关证据。

78

对于研究制度发展的学者而言,大英帝国最有趣的一个特征是缺乏宪政的统一性(uniformity)。很难找到组成该帝国的任何两个领地是在同一时间或以同一方式创建的。因此,通常不可能在另一个英国殖民地或属地中找到某个特定殖民地制度的严格的类似物或先例。不过某些殖民地之间可能显得更为相像,尤其是在英格兰本土与各所属领地的关系层面。美国革命之前的爱尔兰在宪法观点上与美洲殖民地的共同点就要大大超过帝国的其他所属领地。当然,肯定存在差异。爱尔兰是一个分立存在的王国,而美洲殖民地不是,但也很难看出这点差异带来了任何重要的宪政结果,无论是法律上的还是实践上的。同时,爱尔兰与英格兰的联系被宣称是——尽管也遭到否认——一场征服的结果,而美洲殖民地中的大部分来源于拓殖定居。这些已经是仅有的具有重要性的差异了,而且它们的宪法重要性并不显著。姑且承认对爱尔兰事实上的"征服"——莫利纽克斯对此予以否认——就像莫利纽克斯同样指出的那样,这也很难看出为何必须伴随着永久的臣服。此外,爱尔兰以及其他殖民地至少在理论上属于英格兰普通法的共享者。假如爱尔兰是被征服的,诸如纽约之类的北美若干地区也没什么两样;同时,假如13个殖民地中的大部分属于通过拓殖定居形成的"种植园",同样真实的是,英国第一批被称为殖民地的"种植园"和定居地正是在爱尔兰的阿尔斯特(Ulster)。[76]在绝大部分宪政层面,爱尔兰和美国都是相似的,而且早期盎格鲁—爱尔兰宪政关系史可以合理地成为美国宪政史的一部分,因为无论以下区分是否正确,爱尔兰与美国作为具有共同地位的"王权领地"(Dominions of the Crown)有着共同的联系纽带,这不同于"国王领地"(Dominions of the King)。假如爱尔兰和美国之间的区别被美国所否认,就像约翰·亚当斯坚持的那样,那么在普遍问题上有价值的证据就会在爱尔兰找到,事实上也已经找到。从而,作为整个古老殖民帝国中与北美13个殖民地最为类似的存在,爱尔兰已然提供了我在试图澄清美国问题时不得不加以调用之证据的大部分。

不过,尽管有着各种差异,还是存在帝国的其他部分能够确证爱尔兰的有关证据。苏格兰在这方面有着非常不同的历史,但人们也可以说,作为纯粹的"国王领地"而非"王权领地",苏格兰在向英格兰主张权利时之地位,与爱尔兰人主张爱尔兰权利以及1774年北美大陆会议主张美国权利时实际上一样。这一主张只有在完成如下证明时才可成立:在英格兰和爱尔兰/北美之关系与英格兰和苏格兰之关系上不存在本质差异。如果说爱尔兰是美洲殖民地的宪法类似物的话,苏格兰就是其宪法理想型了;而且如果"国王领地"与"王权领地"之区分不存在强有力的宪法理由的话,我们就必须认为美国实现这一理想型的努力并非完全不可证立。致力于美国革命主题的历史学家因而可对苏格兰投诸兴趣,但盎格鲁—苏格兰关系几乎不需要在这里细致审视。[77]

其他诸如威尔士(Wales)、切斯特(Chester)、德拉姆(Durham)、贝尔克(Berwick)以及马尔什(Marches)之类的宪法类似物,总体上对我这里关注之问题的任何一方面均不足以提供具有充分价值的证据。无论这些地方在任何时刻的具体地位如何,所有这些关系都受到它们与王国本土之实际物理联系的影响,我们今天可以看到,此种联系不可避免地将它们最终完全吸纳入帝国体系之内。对美国问题而言,这些关系的主要重要性在于就税收问题所提供的有关证据。就基于帝国宪法的美国观点而言,它们不如美洲之类的英属领地重要,后者在物理上与大不列颠分离,因而没有自然而然地被完全同化。苏格兰在这方面与切斯特处于同等地位,但其中部城镇班诺克本(Bannockburn)除外。

诸如托尔内(Tournay)和加莱(Calais)这样的早期英国临时属地,或许在税收问题上有某些重要性,但在帝国问题上没什么分量。

不过,在帝国之内,而非"联合王国"之内,与英格兰隔海相望,有着两块欧洲"英国属地",其中一块在今天看来属于王国本土之外幸存下来的最古老的国王领地。这两块属地是马恩岛(Isle of Man)和海峡群岛(Channel Islands)。后者可被认为是——除了爱尔兰以及某些层面上的苏格兰——18世纪美洲殖民地地位的最古老、最相近的类似物,根据其存在年份,是除了爱尔兰之外对美国问题比其他殖民地更有分量的类似物和先例;跟爱尔兰一样,海峡群岛值得受到比其所获更多的关注。就像18世纪北美13个殖民地中的大部分一样,海峡群岛没有被征服,像所有北美殖民地一样有着自己的立法议会。与北美13个殖民地以及爱尔兰不同,但与加拿大及苏格兰类似,它们既没有接受也没有承继英格兰普通法。它们不是由英国议会来征税,而且永远不会有这一天。它们不为英国陆海军服役。在1774年这个时刻,我们是应当称它们为"国王领地"还是"王权领地"呢,假如我们接受这一区分为有效的话?对于它们将为自身主张何种地位,这似乎没有多少疑问。英国议会在与拿破仑冲突中期通过的走私法案受到这些岛民的特别反对,晚至1805年出现了由格恩西岛(Guernsey)行政官们发行的小册子,试图证明这一走私法案无权约束海峡群岛。英格兰从未征服过这些岛屿,相反,后者的公爵——这些岛是诺曼底(Normandy)的一部分——确实征服过英格兰。因此,这些岛从未成为英格兰国王的封地,而只是诺曼底公爵的封地,后者随后成了英格兰的主人,同时一直是诺曼底的主人。除此之外,它们就与英格兰毫无联系了。英格兰的主人在王国本土已经成了国王(Rex),但在格恩西岛仍然是公爵(Dux)。这样一种推理将会严重破坏王国本土议会对格恩西岛的权力,甚至摧毁了英国枢密院的权力理由,但我们能说这种推理毫无历史根据吗?这些群岛作家得出的实践性结论是,英国议会不能通过任何影响群岛古代权利或特权的法案,但只可以向国王和枢密院建议有关措施,由后者根据自身意愿转达或不转达给群岛人民。然而,即使国王和枢密院决定转达此类法案,这些群岛作家们依然宣称,群岛的执行官(bailiff)和地方法官(jurats)并不被约束去进行法案登记。事实上,如果法案违反格恩西岛宪法,就会被群岛自身的法律以及官员宣誓所禁止,而若没有当地官员的登记,相关法案在格恩西岛就毫无约束力。[78]

在英国议会就《预防走私法》(the Smuggling Prevention Bill)[79]展开辩论时,来自海峡群岛反对这项议案的请愿者顾问以最强有力的术语重申了群岛的历史主张,甚至宣称群岛曾经"在最初有权为大不列颠立法,而不是大不列颠为它们立法"[80]。这样的论断似乎给议院中的诸多议员留下了深刻印象[81],其中一名议员表达了这样一种有趣的观点:这是一个奇怪的论断——"这些岛屿的独立性在枢密院中的国王更专断的法令原则统治之下,反而要比置于英国议会宪法保护之下更少受到伤害。"[82]温德姆(Windham)先生声称从这位顾问的观点来看"这个国家是否有权为格恩西岛或泽西岛(Jersey)立法,确实是一个存疑的问题",并提议对整个问题进行一次调查。[83]议案最终获得通过,但接受了英国财政大臣插入的一个修正案以满足海峡群岛岛民们的宪法主张[84],其中规定:任何在海峡群岛触犯该法案之案件的审理应当"在上述群岛内进行调查、审查、审判与裁决",同时,在"联合王国之外的其他任何地方"触犯法案的行为,可以在"联合王国的任何一个郡"进行审理。[85]

这些冲突性观点所援引的先例远溯至约翰王时期甚至更遥远,且通常这些先例并不总是完全令人信服的,特别是那些最早期的先例。不过,至少可以怀疑——尽管他们对于中世纪历史事实言之凿凿——岛民们的一般性主张是否给英帝国主义者们造成了证据负担,后者能够提供的所有证据并没有被确凿无疑地推翻。但至少还可这么说,从作为整体的这些先例中得出的如下结论既不是不可能的,也不是无担保的:在王权中断时期(the Interregnum)*之前,对这些岛屿的议会权

---

* 指英国近代的共和制时期,始于查理一世被处死(1649),终于查理二世复辟(1660)。——译者注

力之行使并没有被确定无疑地建立起来,这种权力的随后行使,也就可被视为缺乏充分的历史根据并因而是"违宪"和"非法"的。这恰恰就是爱尔兰人在 1641 年和美国人在 1774 年所持的立场。这里不可能对这些先例及其应用情况进行充分叙述,我必须满足于仅仅提及在哪里可以找到它们[86];不过,我还是会难以自抑地提及枢密院司法委员会的一些官方论述,以及一两位英国宪法学权威在这些重要问题上的观点,有部分就出现在近些年。

或许最重要的早期案例就是 1853 年诉至枢密院司法委员会的一个案例。[87]有三则命令在枢密院获得通过并发往泽西岛以供登记,旨在移除该岛法律程序中的某些古旧特征。这被泽西国务会议(地方立法议会)视为对其古代权利的一种侵犯,他们请求废除这些命令,宣称英格兰王权在泽西岛不存在这种排他性的立法权,理由是泽西岛既未被征服,也未被殖民定居,甚至即使国王在约翰王时代曾有此权利,但那位国王也已经永远剥夺了自身及其后继者的此项权利。在综合考虑泽西国务会议的这一请求以及由泽西岛部分公民联署反对前项请求之请求后,司法委员会向女王报告称,尽管这些命令显得适合于泽西岛司法管理的改善,"不过,由于对未经泽西国务会议同意而由您尊贵的特权直接创制的此类条款是否符合该岛宪法权利一事存在严重质疑,该岛贵族同意将他们的意见报告给您,并请求撤回上述命令"。[88]那些命令最终经由枢密院的一则后续命令而撤回,同时泽西国务会议提出的以不同方式处理同类问题的某些条款被命令在泽西岛予以登记,争议由此终结。

这确实是一个英明的决定,但却并没有减轻我们对上述"严重质疑"之历史正确性的疑问。司法委员会的意见事实上构成了一种莫大的承认,因为它至少容忍了对任何针对泽西岛之立法权正当性的质疑。假如英格兰王权没有此种权力,议会当然就更没有权力的遮蔽物了;泽西岛显然至多不是一个"王权领地",而只是国王领地。1861年,在涉及格恩西岛的一个案例中,同样的原则获得了遵守:在该案中,英国内政大臣在未得到格恩西国务会议同意的条件下修正了地方司法机制,在地方权贵的抱怨下,司法委员会建议格恩西岛旧式司法安排应予以复兴,实际上也那样做了。[89]

从那时开始,若干类似案件被诉至司法委员会。[90] 1891年,泽西国务会议请求反对一项未经泽西王室法院预先登记的王室赦免令状的执行,司法委员会在该案报告中回避了直接的宪法问题。[91]

在同一年,枢密院发出了一则命令,涉及对泽西岛监狱理事会主席的任命。该命令被送达泽西王室法院以做登记,后者以该命令是对该岛国务会议先前同意过的一则命令的修正为由搁置了登记,并转呈给国务会议。国务会议随即请求枢密院撤回该命令,理由是:英格兰王权没有资格在未获泽西国务会议同意的条件下直接对泽西岛立法,而且第二则命令还违反了国务会议同意过的一则先前命令。该请求在1894年获得审理,尽管代理律师被限定只在上述第二点理由上进行论辩,而根据该案报告,受质疑的第二则命令随后在1894年6月27日被枢密院的另一则命令撤回。[92]

长久以来的习惯是,在海峡群岛,通常由泽西岛王室法院或格恩西岛王室法院来登记适用于各岛的所有立法,无论是来自枢密院的还是来自议会的。同时,群岛人民的立场是这一登记于任何此类立法——无论是议会立法还是枢密院立法——在群岛产生约束力之前都是必要的。这一宣称在英格兰受到正式的官方否认,但群岛人民自己从未放弃过这一观点。

1899年,亨利·詹金斯爵士(Sir Henry Jenkyns)写道:"海峡群岛确实主张曾征服过英格兰,而且它们是诺曼底公爵直属领地,以此理由持续依附于不列颠王权。因此,与其他不列颠属地不同,这些岛屿中确实对如下问题产生了质疑:帝国议会的法案是否仅凭自身力量就能成为有约束力的法律。"[93]

1908年,晚年的威廉·安森爵士(Sir William Anson)在这一问题上写道:"群岛人民维持着如下看法——枢密院任何命令在呈递给群岛王室法院登记之前不得生效;若有关命令侵犯群岛所享有之古代法律和特权,则登记可被搁置;进一步,没有群岛国务会议同意的枢密院命令制定,是对上述特权的一种侵犯。"

"我无意说出枢密院某个委员会近期刚刚回避过的一个问题。我足以宣称,王室权利得到了伸张,但除了宽恕特权之行使外,都会遭遇到对抗性争辩。"[94]

1908年同样出现了菲舍尔(Fisher)先生对美国革命的一种宪法解释,据称"假定帝国体系中存在某一部分是议会整体权力所不及的,对于一个英格兰人而言,这在1774年和在今天都一样荒谬"。[95]

关于王国本土与其领地之真实宪法关系的结论,必然受到对另一种证据类型之考量的影响,也就是具有相互约束关系的法院通常接受和采纳的观点,国王及其本土内外的臣民据此被规范进关于保护和服从的各自义务之中——服从是效忠的真正本质——这又是一个具有相当模糊性和难度的研究主题。或许探究这一主题的最好路径就是对加尔文案加以审视,该案在诸多方面都是一个首创性(of first impression)案件。1608 年,当著名的后纳梯案(*Post-nati*)*宣判后,在效忠的主题上

---

* 这里的加尔文案与后纳梯案同指 1608 年的一起关于苏格兰人归化法的案件。1603 年是苏格兰—英格兰关系史上的关键年份,苏格兰国王詹姆士六世继位为英格兰国王詹姆士一世,两国形成一个共主邦联。以 1603 年为界,在此之前出生的苏格兰人在英格兰法上被称为"前纳梯"(ante-nati),之后出生的苏格兰人为"后纳梯"(post-nati)。1608 年的该案裁决确立了"后纳梯"的英格兰臣民地位与法律权利资格,但"前纳梯"依然被视为"外侨"(aliens)。在此前后,英格兰议会多次寻求通过归化立法统一解决苏格兰人的臣民身份问题,但未获成功。——译者注

存在着两种对立观点:一种是旧式严格的封建观点,得到该案中多数法官的认可,据此,臣民的效忠只是单纯针对国王的自然人格,而不是针对其在任何特定领土政治体中的职位;另外一种观点更加新颖,是随后的民族国家和宪政国家发展的产物,据此,效忠针对的是国王的"政治体"(body politic),而不是其自然人格,而且这种效忠与国王治下的"法律相联结"。因而,作为所在时代最能干律师之一的多德里奇(Doddridge)和其他一些人热烈支持后一种观点:"'法律和效忠'(lex et ligeancia)来自某个词根,由于它被称为'有约束力的法律'(lex a ligando),因此它也被称为'法律效忠,联结一体'(legeance, a ligatione);这就证明了效忠是联结于法律的;结果,这两个国家[英格兰和苏格兰]的法律是多元的,尽管主权已在国王的人格中联合,但臣民的效忠根据法律依然是多元的。"[96]进一步,"王国(regnum)和国王(rex)是相关物,既然存在不同的王国,也就各有不同的国王;拥有两个王国的国王分别拥有着这两个王国的人民和法律,因为王国自我存在着。因此,每一王国人民都分别服从着各自的王国,互不臣服,也互不归化。"[97]这一解释的反对阵营包括柯克(Coke)、培根(Bacon)和埃尔斯米尔(Ellesmere)组成的联合力量。来自埃尔斯米尔的一段摘要就足以说明:"不过触动一下这些多元的法律吧;我是说,多元的法律并没有对主权事项造成任何差异;也没有影响将效忠和服从联结于一个国王……在只有一个主权者的地方,所有的臣民都出生在其所属领地;基于此,没有人比别人更高贵或更低贱;也没有人在别人面前更受优待,而是同样地服从;同样地被统治;当然,是在多元的法律和习惯之下。"[98]

从理论上讲,对这两种冲突性观点进行评断是一个很好的研究问题。封建理论没什么问题,在17世纪初的英格兰有许多事情仍然是封建的。另一方面,英国民族国家的整体结构又是以诺曼征服以来数个世纪中不断削弱封建主义为发展代价的,国王已经成了真正的君主(rex)而不再是封建首领,成了一个民族国家的首脑,他和他的后继者在国王职位上都有着受到法律保障的特定权利。不过,不管对错,议会还是根据继承权利和关于继承的封建规则[99]宣布詹姆士一世为国王,且法官们在加尔文案中也宣称对国王的效忠不是民族性的而是个体性的。无论民族性观点多么有优势——确实值得考虑——英国法的教义理论却是根据1608年的加尔文案建立起来的,牢固且不容置疑,而这发生于美洲的任何一个英属永久殖民地建立之前,除了詹姆士敦(Jamestown)。在此情形下,约束臣民臣服主权者的那种效忠,似乎并不要求某个臣民服从所属领地之外的主权者领地的任何法律。后纳梯苏格兰人(the post-natal Scots)并不服从于英格兰法或英格兰议会。他们只臣服于国王本身以及他们自己的法律和议会,但他们也享有英国人的各种权利。

这或许可视为对爱尔兰以及所有其他国王领地的结论性观点。从表面来看,这一观点为1641年爱尔兰的达西以及1773年美洲的塞缪尔·亚当斯之相关主张确立了一种牢固的宪政基础。但继续推究起来,没有什么能够保证加尔文案的原则仅仅限制于后纳梯。为什么不能同样扩展适用到前纳梯(the ante-nati)呢?无疑,审慎的理由导致了在1608年对后一问题的任何考虑都受到了抑制,这是一个太过重要的问题,以至于长期被静默闲置。[100]在克劳诉拉姆齐案(*Craw v. Ramsay*, 21 and 22 Charles Ⅱ)中,这一问题在普通上诉法院关于不动产之诉(ejectment)的审理中获得了详细讨论。[101]罗伯特·拉姆齐(Robert Ramsay),苏格兰人,是前纳梯,有四个儿子,也都是前纳梯。长子死后没有留下男性子嗣。第三个儿子约翰通过英格兰议会法案而归化并取得了英格兰土地,但死后无子嗣。第四个儿子乔治通过英格兰议会法案而归化,他的孙子,也就是其长子的长子,本案的被告,根据乔治的权利对约翰的土地提出权利主张。第二子儿子尼古拉斯,从未被英格兰议会所归化,而是接受爱尔兰议会一项法案(10 Charles I)的管辖,根据该项法案,所有的苏格兰前纳梯均归化入爱尔兰王国。尼古拉斯归化不久,其唯一的儿子帕特里克出生,本案原告正是基于源自尼古拉斯的数次转让得来的权利而对诉争土地提出权利主张。

该案有若干要点值得讨论,但对我们而言,唯一重要的是:"在爱尔兰的归化是否导致了有关主体在英格兰的归化?如果不能联结,则所有其他问题就都超出了本案范围。"[102] 这是一个根本性且影响深远的问题。它牵涉到如下两个问题:第一,根据英格兰法和加尔文案原则,一名苏格兰前纳梯是否能够继承英格兰土地;第二,如果不能继承,他是否能够通过爱尔兰议会的归化而取得该项权利。如果这两个问题中的任何一个获得了肯定回答,则第二个儿子尼古拉斯可根据长子继承法继承土地权利;如果回答均是否定的,则第四个儿子乔治作为被英格兰议会归化的第三个儿子约翰的法定继承人,将继承相应的土地权利。

这就明显提出了一个影响所有国王领地之地位及全部居民权利的问题,而且牵涉到关于效忠性质的根本概念问题。最终,法院本身意见分裂了,首席大法官沃恩(Vaughan)和大法官蒂勒尔(Tyrrel)支持原告,大法官怀尔德(Wylde)和阿彻(Archer)支持被告,而审判报告在很多要点上均不甚清晰[103];但大量论辩内容紧紧触及了帝国的核心问题,对该问题,美国革命同样需要针对,而各殖民地也将明确提出。我已经大段陈述了该案的若干重要事实,似乎已显不当,因为这些事实已能够清楚表明普通上诉法院四位法官中的两位,包括首席大法官沃恩在内,必然接受了这样一种理论:爱尔兰议会有权归化英格兰范围内的外侨。就我们的观察目的而言,这是一种具有相当重要性的让步。

法官们的论辩内容本身含糊不清,但总体倾向显然是反对执笔者沃恩大法官之结论的,这些都增加了我们的分析难度,但其中许多特定表述有着重要价值。例如,审判报告载明:"爱尔兰与苏格兰不同,而苏格兰也与格恩西岛、泽西岛、马恩岛、贝尔克以及所有的英属殖民地有着共同的差异,因为它们都是英格兰王权所属的领地,而苏格兰则不是。"[104]

"根据加尔文案的原则,一个在本土外领地出生的国王臣民在英格兰不享有超出外侨的特权,但苏格兰的前纳梯享有特权,因为他们就像后纳梯一样,出生即为国王的臣民。""本案不采用加尔文案的解决办法,自然出生即为英格兰王权所属领地臣民的人在英格兰不应当是外侨,这是本案应予讨论的主要问题——但在加尔文案中并非如此——也是主要关注的争议焦点……"

"加尔文案解决办法能够推论出什么呢?因为生而为王权所属领地之国王臣民(比如根据加尔文案裁决,

包括诺曼底、安茹、加莱、泽西岛、爱尔兰等地居民)在英格兰不是外侨;因此非王权所属领地之国王臣民,比如苏格兰的后纳梯,在英格兰也应当不是外侨,这在逻辑上无法推论。"

"由此,肯定是别的原因,因为是王权所属领地之出生臣民,根据加尔文案解决方法,他们就不是外侨……"

"并不是因为他们是英格兰国王的出生臣民,苏格兰的前纳梯就不是外侨……"

"并不是因为他们是英格兰王权所属领地的出生臣民,苏格兰的后纳梯在英格兰就是外侨……"

"只剩下唯一的原因,因为他们出生于同一法律效忠对象之下,与英格兰本土臣民一样,这才是加尔文案解决办法的直接理由……"

"他的出生时间是主要考量因素,因为他不可能生为一个王国的臣民——也就是出生在另一个王国国王的属地之内——随后该王国又降格到另一个王国国王麾下。"[105]

与上述观点相反对的是这样的观点:"在英格兰归化的某个人就如同是在英格兰出生,而在爱尔兰归化的某个人也如同是在爱尔兰出生。"

"不过,在爱尔兰出生的人也如同是在英格兰出生或归化。"

"因此,在爱尔兰归化的某个人也就如同是在英格兰出生或归化。"[106]答案就是,依据类似的推理,结盟之后在苏格兰归化的苏格兰人在英格兰应当不再是外侨,但他们曾经是外侨。"从而,在爱尔兰归化的某个人也可以得出同样的结论。"[107]

"另一种足够敏锐的反对意见是,如果在爱尔兰归化的某个人——就如同在那里出生——不能使得他如同出生在英格兰(也就不是外侨)的话,那么在英格兰归化的某个人也同样不能使他在爱尔兰不成为外侨(尤其提到了爱尔兰)……"

"这种推论在形式上不对,也不真实。正确的答案是,英格兰人民现在且一直包括本土人群、归化人群和定居人群;不管具体包括方式如何,没有哪一个人群是他们军事征服或臣服之国家的外侨(因为成为人民自己国家的外国人,这是自相矛盾的,也是违背常理和公共实践的)。"[108]

"尽管爱尔兰有自己的议会,但它不是绝对的,也不是独立自主的,假如那样的话,英格兰就对它毫无权力了,也就是说在被英格兰征服和臣服之后,它竟然还和之前一样自由。"

"爱尔兰是一个有别于英格兰的独立王国,因此不能制定任何法律来使自身对英格兰负有义务。"

"这么说是没有充分理由的,如此,则同样作为独立王国的英格兰也不能立法约束爱尔兰了,这不是事实;从名义上讲,只要英格兰愿意,它就可以将爱尔兰而非英格兰范围内的某个人予以归化。但他又略加调整说,爱尔兰臣服于英格兰,因此不能制定出使英格兰承担义务的法律。这是对的;因为任何一部法律都是强制性的,低位权少者对高位权重者进行强制,这本身就是自相矛盾的。"

"第二,他声称,英格兰和爱尔兰是两个有别的王国,除了拥有共同的主权者国王之外,没有别的结盟形式。假使这种关系套用到苏格兰和英格兰身上,在过去也是正确的,因为它们都是绝对的王国,各自有着独立自主的权利。"

"不过爱尔兰远不止如此;因为它是英格兰王权所属领地,不能与之分离,且根据英格兰议会法案,威尔士、格恩西、泽西、贝尔克以及所有英属殖民地都一样,都是英格兰本土所属领地,尽管不在领土范围内或英格兰本土范围内,但跟随着英格兰,且构成英格兰王权的一部分。"

"第三,独立王国之间只能通过相互间的议会法案联合起来。这是对的;假如它们是独立自主的王国,彼此互不依赖的话;就像英格兰和苏格兰一样,只能通过相互间的议会法案联合起来……"

"不过,威尔士,在爱德华一世征服之后,就像财产权一样归属于英格兰了……"

"爱尔兰与威尔士没什么差别,只是有一个自己的议会,恩赐的议事厅,臣服于英格兰议会,只要英格兰国王愿意,它就那样存在着;但它是依附于英格兰的。没有人怀疑爱尔兰被征服过;也没有人怀疑只要英格兰议会愿意,爱尔兰就会十分臣服。"[109]

该案的有趣之处在于对王权领地和国王领地作出了区分,前者包括爱尔兰、泽西以及各殖民地,后者诸如苏格兰。这一区分对于证成对前纳梯在英格兰之臣民权利的否认是必要的。从这一区分出发,我们可以推论出,王权领地,尽管不是国王领地,臣服于英格兰本土和英格兰议会,它们各自的议会也是臣属性的,不能为英格兰立法。不管我们可能认为基于这一区分的推理力量到底有多大,爱尔兰及其议会与作为"王权领地"的其他殖民地及其立法机构之间的联系是颇值玩味的。困难之处都得归咎于对前纳梯的排除。国王领地和王权领地的区分是由这一排除创造出来的,基于这一区分,不管对错,在所有王权领地上对英格兰议会的臣服就被推定存在了;但这一原创性区分是否确实与加尔文案中柯克、埃尔斯米尔以及培根大法官们的意见相一致,很值得怀疑。

如果德斯宾塞们(Despencers)在爱德华二世时代关于国王和王权的区分就如同柯克在加尔文案中所称的那样是"可谴责且已被谴责的",那么,同样很难看出关于国王领地和王权领地的区分如何能够满怀拯救希望,或者为何王国之门应对后纳梯微开但却迅速对前纳梯关闭。假如领地之间不存在真正的区别,对英格兰议会的臣服又怎么能在其中之一成立而在其他地方又被认为不存在呢?"我相信",梅特兰教授说,"王权的一种习惯性且严格清晰的人格化——特别是,将法案归于王权——要比人们通常确信的更为现代。对我而言,几乎在一半案件中,威廉·奥森爵士会写下'王权',而布莱克斯通只会写下'国王'。不过,严格来讲,我认为'王权'在熟知我们法律的人中间并不存在,除非它只是作为国王的一个别名。从名义上讲,王权从未涉诉、检控、发布令状或诰命。从官方正式记录来看,国王或女王从事过这一切。"[110]人们或可猜测,沃恩自己对这一区分也存疑虑。他和普通上诉法院四名法官中的另一名法官至少勉强承认了爱尔兰议会为英格兰王国归化臣民的权力,因为他们承认,如果爱尔兰议会无此权力,则所有其他问题都会"超出案件范围",而他们也都支持该案中的原告。当然,不管成立与否,关于国王和王权的区分将会在帝国未来的宪法问题发展中发挥相当可观的作用。

对加尔文案和克劳案中关于一般性忠诚及其界定与讨论的综合考量,在整体倾向上加强了爱尔兰关于地方立法自治的主张,特别是在决定王国本土外各领地地位时将海峡群岛系列先例与爱尔兰个案结合起来,这里自然也要包括各殖民种植园的经验。

在这些案例中寻找到的爱尔兰依附性的主要论据——不适用于海峡群岛以及大部分美洲殖民地——来自柯克大法官在加尔文案中的附论,即爱尔兰在12世纪确实被英格兰人征服过。这一主张遭到莫利纽克斯的激烈而清晰的否认,后者努力证明英格兰的统治是被自愿接受的,而不是通过武力强加的。他还进一步否认征服可以授予一种永久支配权。这个问题对美国而言不似对爱尔兰那样重要,在进一步讨论中,我必须引导读者关注莫利纽克斯的《案例评注》(*Case Stated*)和阿特伍德的《答复》(Reply)。[111]

不过,无论征服与否,所有的"王权领地"在1641年之后实际上都已成为"英格兰、各领地以及所属领土组成之联邦"的一部分,它们在1649年之后获得了官方定名,且得到了英格兰议会和政府足够必要与迅捷的对待。对爱尔兰而言,莫利纽克斯得到的回答是1719年的《宣言法案》,该法案直接提出了司法上诉问题[112],且得到了议会权力实践的遵循,具体体现在一直延续到1780年的一长列议会法案之中。对美国而言,议会权力的类似实践开始于1651年的《航海条例》(Navigation Act),在王朝复辟和光荣革命之后通过一系列限制贸易和制造业的法案得以延续,这些都众所周知,无需赘述。当然,直到英法七年战争结束以及作为战争结果之一的《印花税法》(Stamp Act)出台,美国人才开始感受到英国长期议会确立之帝国联邦理论的完整分量。由于该法案恰巧是议会征税权的行使,持反对立场的美国人第一次只是满足于提出一种相对窄化的主张,即英国议会仅仅是无权征税。他们为某位政治家竖立了雕像,后者

111　在否认议会征税权过程中曾主张议会在任何其他事项上都具有进行约束和限制的无限权力。果真如此,奥蒂斯反对1761年的协助令状以及随后在著作《殖民地权利》(*Rights of the Colonies*)中已经采纳了更为宽厚的基础,并在针对税收法案之外的有关法案时冒险调用了"违宪"(unconstitutional)一词,对议会立法权予以否认。不过,在《印花税法》问题上他依靠的是自然权利或根本法,而不是我们今天直接关注的王国本土与国王其他领地之间的宪法区分。当然,1766年的《宣言法案》,伴随着对《印花税法》的废除,是在皮特(Pitt)和卡姆登(Camden)最激烈的反对中通过的,不过后者的反对仅限于在宣言法案中包含进了议会征税权。皮特至少最热烈地支持议会在征税之外的所有其他方面享有彻底的权力。没有任何迹象表明,对于莫利纽克斯攻击过的那种宪法理论,皮特不持有最完全的同情态度。就像赫兹(Hertz)先生[113]和霍特布拉克(Hotblack)[114]女士展示的那样,皮特的政治水平线局限于当时占主导地位的狭隘的经济理论;他满足于这样一个大英帝国,即对法兰西主导权下野心勃勃的各种设计施加一种永久性的屏障,尽管他远远超前于大部分同时代英国人而看到了这一点仅在欧洲范围内永远不可能实现。同样地,从宪法上讲,皮特受到了超越其同时代一般水平的启蒙,认识到大英帝国不可能成功施加这样一种遏制性屏障,除非各殖民地的忠诚获得如下保障:在支持内政运作的税收问题上,就殖民地税收同意权作出必要让步。不过,皮特在政治上从未对大英帝国的真实品格——就像在19世纪充分发展出来的那样——留下一瞥,在宪法上则充分确信英格兰议会在本土外领地所有事项上进行约束和统治的权利与责任,只有一项例外,就是为了支持政府运作而未经被征税者同意径行征税。他与加洛韦(Galloway)甚至迪金森(Dickinson)之间有许多共同点;但却与莫利纽克斯、约翰·亚当斯以及塞缪尔·亚当斯南辕北辙。美国人在争取《印花税法》废除上的胜利并未能提供一种最终解决方案,因为它没有触及根本问题,也就是英格兰议会与各殖民领地的真实关系问题,抑或1649年的推定原则——包括所有殖民领地在内的英联邦是政治上的单一主体,不可分割,受到英国议会的绝对统治——这是从1640年至今英帝国主义的核心宪法问题。这一点在英格兰议会自身关于废除《印花税法》以及制定《宣言法案》——采用了与约束爱尔兰的1719年法案同样的不妥协形式——的有关辩论中清晰可见。同时,在北美殖民地,在教条主义者格伦维尔(Grenville)和汤森德(Townshend)的领导之下,该法案原则的实际执行很快使北美殖民地若干政治领导人确信在英格兰存在着"奴役美洲"[115]的既定设计,他们自身的抵抗必须继续,直至取得关于如下原则的完全承认:整个英格兰的立法权终止于某个最低点。限于篇幅,这里不可能对美洲这一更宽广反对立场之必要性的视野扩展进行细节性追溯。这一研究任务已被他人多次践履过。当时的一些杰出论述足以满足对该发展过程的描述。1768年《马萨诸塞公开信》(Massachusetts Circular Letter)[116]是对1765年印花税法案大会(Stamp Act Congress)*相关原则的重大推进。这封公开信的作者们已经将仅仅针对税收立法权行使的反对扩展至对议会权力有效性原则的宽泛反对,但他们也还没有达到反对议会权力的最终和最坚实的基础;他们依然单纯地依靠卡姆登的立论,即征税必须取得被征者的同意,这是一项"在本质上不可改变的权利,作为一项根本法被灌输进英国宪法之中"。当然,抗争并未就此停步。1774年,所谓的第一届大陆会议(First Continental Con-

---

* 北美殖民地人民针对1765年英国《印花税法》发起的抗议性集会,由纽约发起,聚集各地代表开会,议决反对该法案,抵制英国货,以示不满。——译者注

gress）作出了可被视为美洲反对派最终且根本之宪法立场的首份官方声明。该声明出现于《决议案》（*Resolutions*）中,由大陆会议在1774年10月14日通过。[117]在由约翰·沙利文少将（Major John Sullivan）起草的初稿中,他们的原则表达成如下形式:"指令或调控这些殖民地内政事务的立法权在各殖民地管辖范围内被排他性地分别授予了各殖民地立法机关（Provincial Legislature）;除此之外,以任何方式,在任何情形下,为上述殖民地或其中的任何组合制定的用以指令或调控内政事务的所有法案,均属非法和无效。"[118]

在大陆会议通过的最终形式中,上述内容呈现为整个《宣言》的第四条款,有关修改主要归功于约翰·亚当斯。[119]在经历了由加洛韦领导的一场冗长而苦涩的反对之后,该条款才艰难获得通过,其具体内容如下:

> 英格兰自由的基础,以及所有自由政府的基础,都在于一种存在于人民之中的参与各自

立法议会的权利;由于英国殖民地居民没有获得代表,而且从他们各自的地方性以及其他处境来看,也不能在英国议会得到合理的代表,他们就被授权在各自的地方立法机关中行使一种自由而排他的立法权,在那里他们的代表权获得了保留,涵盖包括税收和内政事务在内的所有事项,仅仅以惯常的方式服从于其主权者的消极管辖。不过,从必要情形来看,并顾及两国的相互利益,我们热烈同意英国议会以其诚信将法案权力限制于对我们对外贸易的调控之上,旨在维护整个帝国相对于英格兰祖国的贸易特惠以及帝国各成员的贸易利益;摒弃任何未经北美殖民地同意即予课税的念头,无论是境内税还是涉外税。[120]

在大陆会议于10月26日通过的呈递英国国王的请愿书中,英格兰被称为"那个国家",也就是北美殖民者与之争论的对象,同时还专门指出"我们无意于要求国王特权的任何削减"。[121] 在上述著名的第四条款中,美洲殖民地的本质性宪法主张完全清晰地呈现了出来。这里有着对国王特权最完全的接受,也有着对英格兰"国家"议会之宪法权力最确凿无疑的否认。后者不得以任何方式对美洲殖民地立法,唯一的例外是整体的帝国贸易事项,但这一点立法权也被明确宣告为不是英国议会的一种权利,而仅仅是美洲殖民地的一种自愿让步。法律上,英国议会无权为殖民地立法;实践上,除了"内政事务",英国议会可以在殖民地同意的条件下行使相应的立法权。我知道,"内政事务"这一术语几乎可以指涉任何事物,这是首次从可行的妥协方案中正式构造出的自治近似物(approximation),"自治殖民地"据此得以成功地保留在新的大英帝国体系之内,后者是在旧殖民体系的废墟上兴起的。尽管是最逼真的一种自治形象,但它也只是一个近似物,因为1766年《宣言法案》在法律上并未被废除,立法权涵盖内政事务和涉外事务;但是在"内政事务"上的这些立法权长期不行使的习惯,现在或许可被称为一种"宪法惯例"(convention of the constitution),如果不是"法律"(law)的话。"议会对整个不列颠领地的立法至上性在法律上是完备和无可置疑的,尽管基于宪政的或实践的理由,议会放弃了对此种至上立法权的行使。"[122]

从而,1774年的大陆会议确实提供了一种体制范型(formula),一种在世界史上就其运作和结构而言绝对独特的帝国体系,显然这是人类首次正式构造出来的,据此,由各自治殖民地组成的大英帝国才成为可能。

在这一现代帝国体系内,英国议会主张拥有一种极其重要的权利,但同时也承认,除了在帝国事务上,这种权利不会被付诸实践。亚当斯主张一种完全的权利豁免,但也承认在帝国事务而非单纯的"内政事务"上的实践性例外。两种主张之间貌似对立,但总体原则是一致的。当然,这里的一致性仅限于实践结果层面。在严格的法律层面,两种解决方案均与莫利纽克斯的立场以及曼斯菲尔德的立场相去甚远。曼斯菲尔德主权理论的强势逻辑迫使他要求一种不可分割的终局权力,他甚至不能容忍任何一种实践性例外。亚当斯在某种意义上有着与之类似的法律理论,只不过终局权力必须落实在殖民地自身,在此基础上他可以作出某些实践性让步。这两种观点在奥斯丁*学说的意义上都是有效成立的。不过,奥斯丁主义只是一种逻辑,而逻辑并非生活的全部。因此,我们乐见,就像英国本土出现了现代有限君主制一样,一个不合逻辑的现代帝国已然崛起,冒犯着奥斯丁,也挑战着约翰·拉塞尔(John Russel)不断重复的那句曼斯菲尔德名言:没有依附,就没有主权;

---

* 约翰·奥斯丁,英国实证主义法学大师,有著名的"法律是主权者命令"的法理学评断。——译者注

这是一种毫无效果的逻辑,总是在安抚那些胆怯的灵魂,后者长期生活在关于"主权"旁落的恐惧之中。对于曼斯菲尔德而言,议会主权与殖民领地的依附必须是一直共存的。它们必须同生共死。根据旧式定义,而且假如英国光荣革命的所有结果都被正当接受,那么它们确该如此。然而,1688年以来的时代已经变了,不用过分期待,这一理论有一天也会发生变化;毕竟,理论至少要被期待切合大体的事实,尽管这对于有关变化到底是由法律还是单纯由惯例引起这一问题影响不大。不过,尽管在某种意义上也是一个奥斯丁主义者,亚当斯还是深入看到了未来,看到了曼斯菲尔德所未见的前景,也就是对于一个实际运作的帝国而言,他的理论在实践中必须通过一种自愿让步来加以修正。当然,这样一种妥协对于18世纪的强势逻辑而言实在是太过超前了。

可喜的是,在新大英帝国更加幸运的氛围中,伴随着古旧恶劣的经济教条的消失以及英国政治家中一种温文尔雅气质的出现,这种关于法律和事实的冲突最终没有造成什么严重后果。但在18世纪,这两种变化既难以期待,也无法找寻,以至于任何缓和措施都无法调和的法律分歧在实践中终于导致了古老帝国的不幸。这场争执在这样一个时代到来:双方都很少有像亚当斯那样能够超越单纯的法律层面并在实践上找到一种可行方案,从而可以将双方相互抵触的法律主张搁置起来,不使它们成为在一个共同国王的主权名义下实现和平联合的障碍。

我这里的意图是,如有可能,对引发危机的对立性法律主张的优缺点加以评估,也就是这些内容了。

不过,尽管遭遇了暂时性失败,带有让步条件的根本法律原则还是构成了约翰·亚当斯之政治智慧与宪法知识的标志性证据,如果需要证据的话。这一帝国原则的成功运作在本质上取决于亚当斯在1774年所主张的殖民地之帝国事务与"内政事务"相互界线的维系。

这一界线相应的也为查尔斯·布勒(Charles Buller)、德拉姆勋爵(Lord Durham)和吉本·韦克菲尔德(Gibbon Wakefield)所期望,具体体现在德拉姆勋爵1839年《加拿大报告》(*Report on Canada*)中的划时代建议,以及查尔斯·布勒更早的关于加拿大公共土地的报告中。"我不知道",德拉姆勋爵在《报告》中提到,"在哪方面我们想要干预他们的那些在并不影响到与祖国关系的事项上进行的内部立法。涉及我们的事项是很少的。政府形式的构成——对外关系的调控,对与祖国、其他英属殖民地以及外国贸易的调控——以及对公共土地的处置,只有这些事项需要祖国加以控制。"[123]

自从德拉姆勋爵之子埃尔金伯爵(Earl of Elgin)第一次将这些理论在加拿大付诸实践以来,在帝国事务与"内政立法"的界线上发生了稳定而持续的变化,随着殖民地民族主义精神的成长,这一变化总是导致帝国事务领域的日益限缩以及"内政事务"之范围与程度的相应扩展。首先是土地事务被殖民地接管,接着是移民、税收和防务;在我们这个时代,还有一个标志性的发展趋势,就是甚至"外交关系管理"的一部分也在移转。在晚近这些年,"一战"的影响以及相应的自治殖民地中追求更高程度民族主义的强烈冲动,极大促进了一种潮流,导致了帝国事务朝向民族主义解决方案方向发展的趋势,偏离了帝国主义者提出的在帝国不同部分之间建立一种新型的更紧密宪法约束的建议。不过,无论任何时刻的实际事务界线何在,人们在实践中一直信守着这样一个原则,即这一界线确实存在于某处,确保了大英帝国在四分之三世纪里的自我满足与秩序维系;而这一原则的首次正式表述似乎正来自第一届大陆会议的杰作。约翰·亚当斯在韦克菲尔德、德拉姆、布勒、莫尔斯沃思以及现代英联邦的其他精神国父(intellectual founders)中间得享一席之地。

当然,尽管这一令人惬意的宪法公式确切的正式表达或许直到1774年晚些时候才作出,但早于此一年多,在马萨诸塞就已发现了一份重要文件——整个美国"革命"之州文件中最著名的文件之一——其中,《宣言》第四条款的历史与宪法基础就已被以最伟大的独创性以及对英国宪政发展的彻底理解的方式给出。这份文件是马萨诸塞州立法议会在1773年3月2日发出的对哈钦森总督同年2月16日议会演讲的《答复》(Answer)。[124]

哈钦森总督在该次演讲中提及了马萨诸塞议会先前的一则重要声明——限于篇幅我不得不省略[125]——其中,议员们主张:"殖民地是对外国领土的取得,并未添附到英格兰本土之上……这就是英格兰王权、英格兰民族以及我们的先辈们在首次占据本国时的意义所在;那么,如果殖民地在当时没有被添附到本土之上,则它们从那时起就不可能发生过添附;如果它们现在依然没有被添附到本土之上,则它们就不是英格兰王国的一部分;结果是,它们就不服从于该王国的立法权威;因为根据普通法,除了英格兰本土之外,没有什么国家是服从于英格兰法律或议会的。"

总督话锋一转:"现在,假如这一立论基础的每一部分实际上都对你们不利的话——我想肯定会——那么,你们据以构造的庞大建筑物也必将倒塌。"[126]

"那么,让我来给出我的观察吧。作为英国臣民,同时也服膺封建土地所有制学说(the doctrine of feudal tenure),我们都承认,我们所有的土地和住宅都间接或直接地为王权所保有,尽管占有、使用或收益之权握于臣民之手,还是存在着归属于王权的一种所有权……这些领土中的任何一部分经由王权的许可(grant)而成为私人占有物或财产,而这些在王权治下占有土地的私人基于各种意图和目的继续作为或成为英格兰臣民……然而你们主张,这些殖民地在首次获得王权许可之后,现在或曾将发生的情况是,英格兰国王特权已将这些领土与王权本身疏远开来,或者是组成了大量的新政府,同时还独立于大英帝国的主权性立法权威,对此我无论如何不敢苟同。"[127]

哈钦森总督随后拿出了伊丽莎白女王发给沃尔特·罗利爵士(Sir Walter Raleigh)的特许状,马萨诸塞议会也曾援引过该特许状——总督继续说道:"现在,或许我们可以假定女王已经取得了——与其和臣民之关系分离,或以其自然资格,实际上她不可能如此——其臣民发现的一个国家的权利,然后又以其作为英格兰女王的公共资格将同样一个国家授予其臣民,并通过这一授予,她将该国添附到了王权之上。你们的这一推理没有区分英格兰王权与英格兰国王/女王,从而犯下了一个根本性错误,该错误将被证明为对你们的论证体系是一个致命伤。"[128]

"我不知道",他继续说道,"当你们声称如果殖民地不是王国本土(realm)的一部分,也就不是王国(kingdom)的一部分——似乎这两个词可以合理地传达同一种理念——你们的想法到底是什么……我没有任何预谋来指责你们;但是在你们回应声明的若干部分中,关于王国本土的多次不严谨使用,使得你们的回应让人困惑,含糊不清。有时你们意指整个王国领地,服从于议会权威;有时你们又仅仅指领土意义上的王国本土,其他殖民领地已经或可能附属之。如果你们意指的是,没有什么国家,而只有古代领土意义上的王国本土才能在宪法上服从于英格兰的最高权威,你们为此非常轻率地声称这是英格兰普通法的一项规则——那么,这实际上是你们永远都不能予以支持的一种教义理论。日常经验教导我们,普通法应当通过制定法加以控制和改变;但普通法也规定了立法权的范围限度,我相信仅此而已。过去几百年的议会法案涵盖很多国家,它们并不严格位于王国本土之内,你们很容易在法典书中查到。你们将会查找到管制爱尔兰事务的法案,尽管那是一个分离存在且独特的王国。威尔士和加莱没有向英格兰议会派出代表,但也服从于类似的管制;还有像格恩西岛、泽西岛、奥尔德尼岛等,都一样,直到今天也未派出议会代表。与美洲殖民领地相比,这些国家同样并非英格兰古代本土的一部分,也没有听说被添附到本土之上,除非这样一种宣言,即议会法案应当扩展适用到威尔士——尽管并非有意挑出这个地方——可以在你们提及的意义上做到这一点,但我不以为然。"

"因而,我认为,我已清楚表明,殖民领地尽管不严格处于本土之内,从设立之初就已经在宪法上服从于王国本土最高权威,并附属于王国本土,与其他属地一起组成一个完整的王国领土体系;殖民领地,或者尤其是马萨诸塞湾殖民地,一直是英格兰帝国王权的封地(feudatory)。认为它不是王国本土的一部分,这无关紧要;因为我们可以使用在某些类似层面上具有重大威力的词'封地',结论必然是,它处于王国法律和法院的统治之下,以免有人提出(就像巴拉丁领地)它在自己的范围内有着特别的法律、习惯、君权和完备的管辖权。"[129]

在阐述其观点时,他进一步推进到了各殖民地对威廉和玛丽国王的接受以及由此带来的宪政结果:"基于光荣革命,议会任何一项法案的效力是显而易见的,其重要性不亚于任何发生在殖民地身上的其他事件。威廉国王和玛丽女王在殖民地被宣布为取代詹姆士国王而成为英格兰、法兰西、爱尔兰以及所属领地之国王;这一步不是根据殖民地自身的法案完成的,不曾有过那样的法案,而是根据英国议会法案完成的,后者改变了王位继承,人民翘首以盼了数周时间,保持密切关注……如果你们否认这一权威,这一有权改变王位继承的权威,你们难道不是在毫无顾忌地否认我们最尊贵的主权者吗?我想你们当中没有人敢这么想……借助这个在威廉国王和玛丽女王统治第一年通过的议会法案,一种特定的宣誓仪式被创制出来,在任君主以及英格兰所有继任国王或女王们均需在其加冕礼上予以遵行;誓言首要一条就是,他们将根据议会同意的制定法、普通法和习惯法来统治英格兰王国及其所属领地之人民。当殖民地指派其代表向威廉国王谦卑地请求二次授予特许状时,他们不可能有什么伪饰,因为他们是英格兰属地的居民;他们同样知道国王发过的誓言,即根据议会制定法统治他们。确切而言,在新特许状时代,我们的先辈们以及英格兰国王、英格兰民族之行为意义在于,在英格兰议会中曾经保有并将继续保持一种权力至上性。"[130]

他随后援引了安妮女王的一则法案——她在威廉国王去世6个月后执政,达德利总督(Governor Dudley)在其治下继续任职——作为马萨诸塞接受该法案以及制定该法案之议会权威的证据,并整体上宣称:"在超过70年的时间里,英国议会的至上性得到了毫无怨言的承认。"[131]其进一步总结道:"我们都表示要成为大不列颠国王忠实而负有责任的臣民。尊贵的国王将不列颠帝国作为一个整体,使之服从于同一个立法权威;对该立法权威的正当服从,对于帝国若干部分的权利、自由和特权之维系至关重要。"[132]

不可能有比上述立场更为清晰的英国政府根本立场了,而对此作出的回应同样清晰明了。事实上,由哈钦森演讲及议会答复构成的这两个文献,是对我先前整个讨论内容的最佳证明。对我而言,它们是对本土与领地关系问题之极大重要性的有力证明,也是对这一问题重要性至少获得了最敏锐、先进之美国领导者良好理解的无争议证据——后者在当时的理解很可能超越了今天。同样有必要从立法议会答复中引述相当部分。针对国王在殖民地权力的封建基础,立法议会宣称:"根据前述原则,就像英格兰土地一样,这里的土地宗主权及支配权仅仅归于国王,并由此自然产生了一种归于他的权利,即只要国王或领主认为合理,就可以根据土地占有权以及土地用途对有关领土进行处置。但是,被授权者是如何成为英格兰臣民的,也就是如何成为英格兰议会至上权威之臣民的,您的睿智并未给出解释。我们认为,根据封建诸原则,所有的权力都归于国王;这些原则没有给我们提供任何关于议会权威的观念。"[133]

"您声称'您无论如何不能苟同我们的主张,即这些殖民地在首次获得王权许可之后,现在或曾将发生的情况是,英格兰国王特权已将这些领土与王权本身疏远开来,或者是组成了大量的新政府,同时还独立于大英帝国的主权性立法权威。'您还根据封建诸原则声称'所有对美洲发出的授权令状都已找到,帝王的各部宪法有法律效力'。如果我们殖民地政府只是被视作纯粹的封建领地,那么我们也就只臣服于国王的绝对意志,在此不存在作为大英帝国主权性权威之议会的任何权力。根据这些原则,什么因素能够阻碍国王在美洲构建一系列独立的政府呢?国王查理一世确曾在美洲建立了这样一个政府,承认其具有立法和执法的权力,而没有保留给英格兰议会任何制定新法约束殖民地的权力,这是一个事实,就算您否认过,也没有给出否证。您同样也没有表明英格兰议会或英格兰民族反对这一事实;从那时起,我们已推断出这是一种被承认的权利。我们不能设想,为何国王没有同样的权利去疏远(alienate)和处置经由其臣民的发现而取得的国家,因为他必须'根据和平条约,恢复在战争中取得的国家',这要由英格兰民族来加以执行;或者也必须"根据英格兰民族的一般意识出卖和转让其所属领地的任何一部分给某个外国君主或国家';这是您所承认的'一种权力行为'或特权。"[134]

"您又声称,'英格兰王权掌控下的人继续作为或成为英格兰的臣民',据此,我们假定您的意思是,臣服于英格兰议会的至上权威,'基于各种意图和目的,完全如同英格兰本土之内的所有封建领地都已授予议会一样'。我们理解,您在假定我们的忠诚应归于英格兰王权时犯了个大错误。每个人在为自己起誓时都是将效忠奉献给其国王的,也就是其自然人格。'每个臣民都被法律要求向作为自然人格的国王宣誓效忠',柯克勋爵在加尔文案中说道。'效忠归于国王的自然身体',他说道,'在爱德华二世统治时期,斯宾塞父子为掩盖内心的反叛图谋,杜撰了这样一种可谴责且已被谴责的意见,即虔诚和效忠宣誓更多是因为国王的王权,也就是其政治资格,而不是因为国王这个自然人;基于这一意见,他们推断出了相应的可憎可厌的结果'。英格兰法官,除了一人之外,在苏格兰与英格兰联盟问题上,都宣称'效忠追随着自然人格,而不是政治人格',同时,'为了证明效忠系于国王的自然身体而非政治身体,柯克勋爵引述了各种制定法用语,提及了我们的自然君主主权'。因而,假如虔诚和效忠不是归于国王的政治身体,那么也就不归于作为那个立法权威之首脑或任何其他部分意义上的国王,而你竟声称这个意义上的国王'伴随着王权之权威而扩及帝国的每一部分';进而,您根据这一基础的观察也就必然归于失败了。同一批法官还提到,某个臣民——处于英格兰法律的限度和范围之外——对英格兰国王的效忠,本来与我们祖先——在您引述的历史中——遵奉的原则完全一致,但根据您的原则,却显得十分荒唐。这些法官声称某个臣民'尽管其出生不是在英格兰王国边界范围内,超出了英格兰法律的限度与范围,不过,假如其出生处于对英格兰、诺曼底、阿基坦(Aquitain)*、加斯科因(Gascoign)以及其他地方的共同国王的效忠范围内,比如在法兰西范围内,因而处于英格兰王国的本土或边界之外,那么他就是臣服于英格兰国王的'。法官们还说,'所谓朕即国家

---

* 阿基坦又译阿奎丹,是法国西南部一个大区的名称。——译者注

(*Rex et Regnum*),其实二者之间的关系并非那么紧密,因为一个国王可能只是一个王国之王——英格兰国王显然不是——但其王权可扩展至很多民族和王国,所有属民都平等地臣属于他,所有人生来都平等地享有获得国王保护的利益;尽管国王将根据各地不同的法律进行统治,一旦有人从别处进入他地,也就可以享有该地法律的利益,不管其来自何处'。因此,就像您在演讲中假定的一样,他们在任何一个领地内都不应当被作为外侨,这些都符合我们先祖持有的原则。'他要承受所来自的那个地方的税负,但是生活于同一地,或者终身生活于此,他就不必承担另外一个地方的税负,因为法律规定了税收、强制义务和收费门类,作为一种服从义务,对每个特定民族有特定化的组合。'我想,就我们的目的而言,没有什么比法官们的裁决更为清晰的了,他们或许就像英格兰民族曾经夸耀的那样博学,同时,他们的裁决在美洲最近与其母国的争论之中也显得更有利于前者。"

"您还声称'由于我们没有区分英格兰王权和处于私人或自然资格中的英格兰的国王/女王,我们已犯下了一个根本性错误'。根据这一有利于我们的区分,我们说过,我们的先辈们认为他们在美洲取得的土地是外在于英格兰王国的,同时也外在于英格兰法律的限度和范围;甚至在授予特许状的法案中,国王同样认为这些领土外在于英格兰本土;国王自身有绝对权利来处置这些土地,这在英格兰内部也无争议;而英格兰民族没有任何牢固的基础来对这些土地主张权利;因此,我们的先辈们通过授予从国王那里取得了土地;同时也与国王缔约,承诺对他虔诚和效忠,仅仅对他的自然资格效忠,而不是对他的公共或政治资格效忠。假如我们很难展示国王是如何以其自然资格取得美洲这个国家的,或者这种取得如何能够与国王和其本土臣民之关系分离,我们承认这种困难,不过我们也认为,您同样很难展示作为政治身体的国王以及英格兰民族是如何取得美洲的。"[135]

因此,立法议会得出结论,认为"他们将获得法律统治的权利——法律由议员们制定,在议员选举中,他们有发言权——视为英格兰自由的基础。根据载于特许状中的与国王的契约,他们在美洲就如同在英国本土一样自由;因此,他们自由地宣称,他们'由自己所制定的法律来统治,受自己所选官员的管理'"。[136]

他们通过指向英国人在议会中为他们立法的能力问题——立法依据的是"同样来源的普通法和习惯法"以及获得代表性保障的议会制定法——来回应哈钦森总督基于威廉和玛丽之宣诏而提出的论点。"根据这种法律,国王有着无可置疑的权利来统治我们。借助回忆,您肯定不会从中推断出如下结论吧:我们的先辈们在意识中就已决定将至上性归于英格兰议会,或者将一种在任何情形下立法约束我们的完备性权力与权威归于那个议会,而我们在那里不能对任何法律的必要性与便利性展开辩论和审议,结果也就是,根本没有我们的同意;而这一旦发生,就是对社会第一法则(first law)以及整体之善的摧毁。"[137]

137　从而,他们总结道:"我们认为,您既没有证明殖民地是英格兰的一部分,也没有证明殖民地曾经同意英格兰或大不列颠议会能够在任何情形下制定约束我们的法律,无论是明确告知还是隐含暗示,都没有证明……对我们而言,问题无非是,我们究竟是某种绝对无限制权力的臣民,还是一个基于英国宪法原则构建的自由政府的臣民。如果您的教义正确,本地人民占有的就是英格兰王权及其人民的土地;从而他们的生命、自由和财产都将任由后者处置;即使借助契约和他们的所谓同意,他们也不过是臣服于作为另一个人民之首脑的国王,而在后者的立法机关中没有前者的任何声音或利益……这就是深深吸引我们的先辈——如您演讲中所示——并使他们在接受时以对全能上帝之感恩节的方式来怀念的那部宪法吗?"[138]任何评论已显多余。

本章附注

我无意于对当时关于宪法问题的庞杂而重要的美国文献进行综述。这一工作已有多人做过。关于这一主题的最佳参考书目,参见贾斯廷·温莎(Justin Winsor)的整理。[139]或许当时关于本章特定焦点——王国本土与领地之宪法关系——最完整的讨论可见于丹尼尔·伦纳德(Daniel Leonard)的系列文章,最初刊载于《马萨诸塞政府公报》(*Massachusetts Gazette*)和《邮差报》(*Post-Boy*),在1774年至1775年间以笔名"马萨诸塞人"(*Massachusettensis*)发表,后在波士顿结集出版;相应的还有约翰·亚当斯冠名"诺凡格鲁斯"(*Novanglus*)的回应文章,结集收入其选集之中。[140]该主题尤其参见《马萨诸塞人》(波士顿,1775)。[141]作者的根本观点是:

"当一个国家占领另一个遥远的国家并定居下来时,后者尽管远离主要居住地或母国,但已自然转变为前者的一部分。"[142]作者的其余观点均遵从这一点。"我们是英帝国的一部分,不是外侨,而是天生的臣民;因而我们必须服从该国的最高权力,同时有权得到其保护。"[143]"无论各殖民地是不是独立的国家,我们的爱国者们针对上述关系轻率地向大不列颠提出了一个问题,悖逆了法律与宪法的每一条原则,也悖逆了理性和普遍审慎。"[144]约翰·亚当斯的回应是对帝国宪法问题之美国解释的最深刻展示,对此没有必要从完整的原初文本中专门截取摘要或选段加以赘述。[145]在结尾处,亚当斯得出如下结论,直接参考了查理一世颁发的《马萨诸塞湾宪章》(Charter of Massachusetts Bay)以及《马萨诸塞人》基于宪章所做的系列推断:"然而作为英格兰国王的角色'必然预设了这样的领土概念,即属于英格兰领地的一部分且为英格兰王权所持有'。这里系统引入的是'领地'(dominions)一词,而不是'本土'(realm)一词。实际上并不存在英格兰领地,只存在王国本土。而且我要说,美洲不是英格兰王国本土或其殖民领地的任何一部分。因此,当国王授予权利时,他不能依据英格兰法作为英格兰国王而行事。至于'王权所持有的领土,在属性上或技艺上均不存在这种事。'土地是基于领主的自然人格根据封地的原初通告而被持有的。用封建的语言来讲,持有土地不过意味着领主与租户的关系而已。双方的相互义务都是私人性质的。敬意、忠诚以及其他的相关义务均以私人面向针对领主;保护等义务也是以私人面向针对租户。因此,没有什么敬意、忠诚以及其他义务曾经呈递给政治体,这种政治资格尚未法团化(corporated),不过只是心中的一个框架、一种理念而已。在这里抑或英格兰没有什么土地是由王权(crown)所持有的,在王权作为一种政治资格的意义上;它们都是由国王以其王室私人或自然个体的名义持有的。王权持有土地,这是一种不适当的表达;不过这一表达经常被使用;当其被使用时,不会有超出如下范畴的有意义的内涵,即我们持有着握有王权——无论他是谁——那个人的土地;法律假定了他永远是一位正当的、自然的王位继承人。"因此,亚当斯得出结论认为,当《马萨诸塞湾宪章》的被授予人手持宪章并移民到美洲时,"一旦抵达这里,他们就摆脱了英国本土、领地、国家、帝国,任你怎么称呼,同时也摆脱了英国议会的法律管辖。国王或许可以通过其令状或诏书命令他们返回;但国王没有那么做。"[146]

在这一时期关注帝国问题的其他宪法讨论中,最重要的或应提及詹姆士·威尔逊(James Wilson)1774年的《关于英国议会立法权性质与范围的考量》[147]一书。尽管比"诺凡格鲁斯"的讨论简略得多,但在此问题上的根本立场是一致的。在该书的"广告"(advertisement)中,威尔逊声称他开展这一审视工作,旨在于英国议会对殖民地合宪行使的权力以及违宪行使的权力之间发现某种界限。不过,这一审视工作的结果是,作者断定相应界限并不真正存在,而作者在结尾处则完全否认了英国议会在所有殖民地事务上的权力。约翰·迪金森(John Dickson)在1774年于费城发行的《论大不列颠对美洲殖民地的宪法权力》一书中得出了同样的结论。[148]作者使用部分篇幅空间来证成帝国事务和"内政事务"的区分。

同样应当提及杰斐逊1774年的作品《英属美洲权利概论,兼及某些方案以供大陆会议中弗吉尼亚人民之代表审查》。[149]在当时所有的陈述美洲立场的小册子中,钱宁(Channing)教授认为杰斐逊的小册子是"最值得分析的"。[150]钱宁教授自身给出了杰斐逊观点的一个简介[151],随后将其全部重要内涵精妙地概括为一个常用语,他声称"既非独立亦非民主的帝国联邦(imperial federation)存在于杰斐逊的心智之中"。[152]当然,"帝国联邦"在这里仅仅是在种属(generic)意义上使用的。

还有很多其他的作品,但大多数更加强调自然法而不是帝国的真实宪法。当然,在1774年之前的若干年,托马斯·波纳尔(Thomas Pownall)*已彻底理解并细致讨论了帝国问题的重要性,尽管他将以一种完全不同的方式来解决。甚至在其名著《殖民地管理》(*Administration of the Colonies*)的更早期版本中,波纳尔就已看出王国本土与殖民领地关系中的真正问题所在。他的解决方案是:"大不列颠不应再被视为仅仅是这个小岛的王国,连带着诸多作为附属品的省份、殖民地、定居点以及其他外来部分,而是应当作为一个庞大的海洋体系,包

---

* 托马斯·波纳尔(1722—1805年),英国著名政治家和殖民地官员,1757年至1760年担任北美马萨诸塞总督,随后就职于英国议会。他在美国革命前广泛游历北美各地,反对议会对北美殖民地征税,属于英国政治家中支持殖民地立场的少数派。——译者注

容我们在大西洋和美洲的全部属地,联合成一个单一的帝国,有一个单一的政治中心,政府位于该中心。"[153]

波纳尔在亚当斯后期关于实际存在的王国本土与殖民领地关系的有关观点方向上走得很远。他认为这一关系如若保持不变将会对自由造成危险,因为在该关系下,国王对属地的权力就完全是专制的。因此,他提议成立"大海洋帝国",一种建立在自由原则上的全新的帝国宪法。在这一新帝国中,他将会如长期议会曾经所做的那样坚持英格兰人民和殖民领地人民应当同属一个"联邦和自由国家"。不过,他不再承认这一联邦的政府就是"这个小岛"上的任何议会的"最高权力"。相反,他把联邦政府扩展至"其领地之权利、利益或权力遍及的所有部分"。[154]

如果说塞缪尔·亚当斯和约翰·亚当斯可被视为当代的殖民地政治家——其观点可被理解为"殖民地民族主义"——学院理念最早的系统阐释者,那么托马斯

·波纳尔就应当被公正地视为莱昂内尔·柯蒂斯(Lionel Curtis)*和现代启蒙帝国主义者之圆桌(*Round Table*)组织的精神教父。在这层历史连接中,波纳尔1754年在奥尔巴尼提出的早期建议和富兰克林的联盟计划都具有某种历史重要性,不过二者除了谋求一个严格的附属性立法机构并使之在限定目的范围内运作之外,别无他求。另一方面,1774年提出的加洛韦(Galloway)计划的某些特征无疑就来自于1754年的波纳尔计划,前者在某一方面依然是重要的,即大议会(the Grand Council)之法案应当仅受到位于英格兰的大议会中的国王(the King in Council)审查。[155]我已在相关文献中对这些事务进行了大胆的评论。[156]

---

* 莱昂内尔·柯蒂斯(1872—1955年),英属印度时期英国官员,记者,大英帝国联邦的鼓吹者。其二头政治思想直接影响1919年印度政府法案的形成,其著作对英联邦的诞生、发展具有深远影响。——译者注

不过,严格按照时间顺序到来的正是约瑟夫·加洛韦,他提交给 1774 年大陆会议的计划是作为亚当斯免于英国议会干预之原则的一种替代方案。这一计划的某些特征显然构成了当时帝国主义理论家们相关提议的一种显著预期,包含了波纳尔关于帝国同一性的核心理念,但避免了其主要缺陷;该缺陷来自于这样一个事实,即根据波纳尔的方案,美洲人在英国议会中将永远不可能期待改变作为不起眼少数派的地位,这是马萨诸塞议会预见到的一个实际反对理由,该议会试图通过指令其参会代表不同意该种方案来加以预防。为消除这一实践性困难,同时坚持"遵守独立于不列颠政府之共同体理念",加洛韦提议建立"一个不列颠和美洲立法机关,来管制"美洲的一般事务,"其中大不列颠和各殖民地,或部分殖民地,或作为整体的殖民地,抑或一个以上的殖民地,基于在所有自由政府的宪法中具有核心地位之安全与自由诸原则,而以任何方式获得充分关注。"

这一立法机关包括由国王任命的一名主席以及由各殖民地人民代表组成的大议会,而上述主席和大议会"作为不列颠立法机关的一个低级但独立存在的分支,为了上述总体目标而与之联合且整合起来;同时上述任何一般性法规均可以在大不列颠议会或上述大议会中动议、形成与消化,经充分准备后传递给另一方以供批准或反对;双方的共同同意是所有此类一般性法案或条例生效的必要条件"。[157] 早在1774年就已提出的这一方案理应使加洛韦在那些最自由化和启蒙化的不列颠帝国主义者中获得极高支持票,然而,不幸的是,大陆会议对其计划本身毫不感冒。事实上,大陆会议代表们已经不再"坚持遵守独立于不列颠政府之共同体理念"。反之,他们如今接受了亚当斯激进的第4条款并命令将加洛韦的计划从会议备忘录中删除,"确保不出现一丝残余。"[158]

关于约翰·亚当斯1774年提出之相关观点的早期

发展史,富兰克林至少早在1770年就已提出的某些论述显得颇为重要。这些论述可在富兰克林选集的所有版本中找到。对这些论述的参引及饶有趣味的评论可见于伯纳德·霍兰德(Bernard Holland)的著作。[159]他的整本书都很有价值。

甚至早在1766年,富兰克林就在其参与的由英国下议院一个委员会发起的某次著名考察中宣称:"各殖民地并不被假定处于王国本土之内;它们有自己的政治集会,那些是它们自己的议会,它们在此意义上与爱尔兰处于同等地位。"[160]尽管他的主要观点只是反对内部征税,而且他也承认美洲人没有进一步的要求。当被问及这是否确实不意味着对英国议会约束权的完全否认,他作出了很重要的回答:"英国议会从来就没有这种权力。这里已使用了诸多观点来显示根本没有什么区别,也就是说假如你无权在内部对殖民地人民征税,也就无权在外部对他们征税或者制定任何法律来约束他们。现在英国议会还没有这样进行推理,但总有一天他们会信服这些观点的。"[161]

注　　释

[1] *Journal of the Continental Congress*, ed. Ford i, 67.

[2] *De Re Publica*, iii, 22.

[3] Firth and Rait, *Acts and Ordinances of the Interregnum*, ii, p. 122; also in Scobell, ii, 30; Gardiner, *Documents*, p. 297.

[4] 约翰·迪金森(John Dickinson)在其1774年的《论大不列颠在美洲殖民地的宪法权力》中写道:"对大不列颠王权与议会的依附(dependence)是一种创新———一种致命的创新。它堪比希腊人发明来摧毁特洛伊城(Troy)的装置。它满载全副武装的敌人,在将其引入我们中间之前,该结构的伪装之墙必须被推倒。"他进一步声称:"'依附'这个词,当其适用于与英格兰相联系的各国时,看起来确实是个新词。该词似乎是经由1650年的联邦法案引入法律语言之中的。一种'对议会的依附'显得更加现代。殖民地人民在戒备此类创新时再谨慎也不为

过。"(第385页)

将1649年法案与更早期涉及本土外领地主权的制定法相比较,完全可以证成迪金森上述关于原则新颖性的论断。仅举一例,在《伊丽莎白至尊法案》(Elizabeth's Act of Supremacy,1 Eliz.,c.i,1559)的前言中有这么一段:"放弃一切外在于您的本土以及其他归属于您的殿下(highness)之领地和国土的、被篡夺且属于国外的权力和权威。"这种话语似乎更加自然地表明了平等(equality)而非"依附";而这些"领地和国土"既不属于人民,甚至也不属于"王权",而只是属于他的"殿下"。甚至也没有说这些地方属于女王本身。

确实,议会在都铎王朝时期制定的这一法案以及其他制定法,涉及王权在教会事务上的至尊性或特权,貌似暗示了一种约束本土外领地的权力;不过,这些法案的措辞,尤其是前言,表明这不过就是对如下事实的一种确认:一种王室权力从超越法律记忆的王室独立存在时期即已被推定(正确或错误地)存在。除了关于影响"国王及其后嗣财产"之古代习惯法的类似确认外,法案本身没有为议会针对本土外领地的立法权增加任何内涵。

1542 年之前,英格兰国王对爱尔兰仅保有领主权(*Dominus*)。根据 1541 年或 1542 年 1 月 23 日《诏书》,亨利八世(Herry Ⅷ)首次取得爱尔兰国王的头衔,而且根据其正式的宣告,这还仅仅是基于其爱尔兰臣民的请求(*Tudor and Stuart Proclamations*, vol. i, No. 219; *Letters and Papers*, vol. xvii, No. 47)。这一请求包含在一部爱尔兰制定法中,即 33 Herry Ⅷ, c. i. 根据诏书,任何对这一新头衔的忽视从 1542 年 4 月的最后一天开始就都是可惩罚的;不过,还没到 1543 年,这一新头衔就已获得英国议会法案的批准,即 Statute 35 Herry Ⅷ, c. iii, *An Act for the Ratification of the King's Majesty's Stile*。这些事件之属性与发生顺序对于本土外之"领地和国土"的"依附"问题没什么重要性。

[5] Rushworth, iv, 551.

[6] First and Rait, *Acts and Ordinances of the Interregnum*, vol. ii, p. 3.

[7] Ibid., ii, p. 18.

［8］例如，宣布詹姆士一世（James I）王位权力的制定法（Statute 1, James I, chapter i）这样表述"英格兰本土之王位，以及所有属于同一主体之王国、领地与权利"。

［9］24 Herry VIII, chapter xii.

［10］Firth and Rait, *Acts and Ordinances of the Interregnum*, ii, p. 425.

［11］Firth and Rait, *Acts and Ordinances of the Interregnum*, ii, p. 559ff.

［12］John Nalson, *An Impartial Collection of the Great Affairs of State*, ii, 573. 法官针对这一问题的回答参见该书第576页。

［13］Ibid., ii, p. 584.

［14］Ibid., ii, p. 584.（引文斜体并非原文所加。）

［15］It was printed at Waterford in 1643 by Thomas Bourke, printer to the Confederate Catholics of Ireland, with the title: *An Argument Delivered by Patrick Darcy, Esquire; by the Expresse Order of the House of Commons in the Parliament of Ireland, 9 Iunii, 1641*, and reprinted by G. F. in Dublin, in 1764. See also, *Essay* on the Antiquity and Constitution of Parliaments in Ireland, by Henry Joseph Monck Mason, new edition with an Introduction by Very Rev. John Canon O'Hanlon, Dublin, 1891, 55ff., and Introduction, p. 112ff; *Historical Review of the Legislative Systems Operative in Ireland*, by the Right Hon. J. T. Ball, London, 1889, p. 34ff.

[16] Darcy's *Argument*, p. 70 (Reprint of 1764).

[17] 16 Charles I, chapter xxxiii. See also, Rushworth's *Collections*, iv, folios 556-558; Lords' Journals, iv, p. 607; R. Dunlop, *Ireland under the Commonwealth*, i, cxx-cxxv.

[18] Firth and Rait, *Acts and Ordinances of the Interregnum*, i. 192.

[19] 抗议书由天主教联盟的印刷商托马斯·伯克(Thomas Bourke)在瓦特福特(Waterford)负责印刷。抗议书摘要连同清教徒之答复被拉什沃思(Rushworth)编辑起来,参见 Rushworth, *Collections*, iv., p. 385ff. (应为 p. 417——英文版编辑校注)

[20] Rushworth, iv. p. 390. (应为 p. 422——英文版编辑校注)

[21] Ibid., 396-397.

[22] W. Harris, *Hibernica*, Part II, preface.

[23] Nalson, ii, 898. (着重号并非原文所加。)

[24] *Journal of the Irish House of Lords*, April 10 to April 18, 1644, printed in Harris, *Hibernica*, Part II, preface.

[25] 对这两本书的最佳评述出自蒙克·梅森(Monck Mason)的《爱尔兰议会》和鲍尔大法官(Lord Chancellor Ball)的《爱尔兰立法制度》。

[26] 爱尔兰和美国革命领导人之间的实际联系可通过如下事实得以揭示:现存有"一封由波士顿镇寄给查尔斯·卢卡斯的信……附上了对当地发生的一场屠杀的简短描述,该场屠杀发生于1770年3月5日傍晚,由驻扎在该镇的第29团士兵所为……根据波士顿镇之命令印出"。

[27] *Hibernica*, Part II, p.45.

[28] *Ibid.*, p.41.

[29] *Ibid.*, p.45.

[30] *Ibid.*, p.33.

[31] *Hibernica*, Part II, p. 66.

[32] *Ibid.*, p. 160.

[33] *Ibid.*, p. 174.

[34] *Ibid.*, p. 177.

[35] *Ibid.*, p. 179.

[36] *Ibid.*, pp. 182-183.

[37] *Ibid.*, p. 193.

[38] *Ibid.*, p. 195.

[39] *Ibid.*, pp. 196-197.

[40] *Ibid.*, pp. 224-225.

[41] L. G. Wickham Legg, *English Coronation Records*, Introduction, pp. xxxi, 326.

[42] L. G. Wickham Legg, *English Coronation Records*, pp. 88. 关于普林(Prynne,他将"elegerit"一词指向未来行动,从而实际赋予了该词与1689年誓词同等的含义)和布雷迪(Brady,将"elegerit"一词仅仅指向过去的法律和习惯)之间的有趣争论,参见 Prynne, *The Soveraigne Power of Parliaments and King-*

domes (1643), Part Ⅱ, pp. 74-76; Robert Brady, *An Introduction to the Old English History* (1684), The Glossary, pp. 24-26, 36. 还可参见 Stubbs, *Constitutional History of England*, ii, pp. 109, 331-332。

[43] Wickham Legg, op. cit., p. 252.

[44] *Parliamentary History*, v, 1181.

[45] Ibid., 1182.

[46] *Familiar Letters between Mr. John Locke and Several of his Friends*, 4th Edition, p. 213.

[47] *The Drapier's Letters*, edited by Temple Scott, Letter IV, pp. 113-115.

[48] 6 Geo. I, chapter v.

[49] 为便于比较,现将这两部制定法相应部分并列如下:

1719 年法案第 5 章

Statue, Sixth George, I, Chapter Five(1719).

An Act for the better securing the Dependency of the Kingdom of *Ireland* upon the Crown of *Great Britain*:

I. Whereas the House of Lords of *Ireland* have of late, against Law, assumed to themselves a Power and Jurisdiction to examine, correct, and amend the Judgments and Decrees of the Courts of Justice in the Kingdom of *Ireland*:

Therefore for the better securing of the Dependency of *Ireland* upon the Crown of *Great Britain*, May it Please your most Excellent Majesty that it may be declared, and be it declared by the King's most Excellent Majesty, by and with the Advice and Consent of the Lords Spiritual and Temporal, and Commons, in this present Parliament assembled, and by the Authority of the same, That the said Kingdom of Ireland hath been, is, and of Right ought to be subordinate unto and dependent upon the Imperial Crown of *Great Britain*, as being inseparably united and annexed thereunto; and that the King's Majesty, by and with the Advice and Consent of the Lords Spiritual and Temporal, and Commons of *Great Britain* in Parliament assembled, had, hath, and of Right ought to have full Power and Authority to make laws and Statues of sufficient Force and Validity, to bind the Kingdom and People of *Ireland*.

II. And be it further declared and enacted by the Authority aforesaid, That the House of Lords of *Ireland* have not, nor of Right ought to have any Jurisdiction to judge of, affirm or reverse any Judgment, Sentence or Decree, given or made in any Court within the said Kingdom, and that all Proceedings before the said House of Lords upon any such Judgment, Sentence or Decree, are, are hereby declared to be utterly null void to all Intents and Purposes whatsoever.

1766 年法案第 12 章

Statue, Sixth George, III, Chapter Twelve(1766).

An act for the better securing the Dependency of his Majesty's Dominions in *America* upon the Crown and Parliament of *Great Britain*.

I. Whereas several of the Houses of Representatives in his Majesty's Colonies and Plantations in America have of late, against Law, claimed to themselves, or to the General Assemblies of the same, the sole and exclusive Right of imposing Duties and Taxes upon his Majesty's Subjects in the said Colonies and Plantations; and have, in pursuance of such Claim, passed certain Votes, Resolutions, and Orders, derogatory to the Legislative Authority of Parliament, and inconsistent with the Dependency of the said Colonies and Plantations upon the Crown of *Great Britain*:

May it therefore please your most excellent Majesty, that it may be declared; and be it declared by the King's most excellent Majesty, by and with the Advice and Consent of the Lords Spiritual and Temporal, and Commons, in this present Parliament assembled, and by the Authority of the same, That the said Colonies and Plantations in *America* have been, are, and of Right ought to be , subordinate unto, and dependent upon, the Imperial Crown and Parliament of *Great Britain*: and that the King's Majesty, by and with the Advice and Consent of the Lords Spiritual and Temporal, and Commons of *Great Britain*, in Parliament assembled, had, hath, and of Right ought to have , full Power and Authority to make Laws and

Statutes of sufficient Force and Validity to bind the Colonies and people of *America*, Subjects of the Crown of *Great Britain*, in all cases whatsoever.

II. And be it further declared and enacted by the Authority aforesaid, That Resolutions, Votes, Orders, and Proceedings, in any of the said Colonies or Plantations, whereby the Power and Authority of Parliament of *Great Britain*, to make Laws and Statues aforesaid, is denied or drawn into question, are, and are hereby declared to be, utterly null and void to all Intents and Purposes whatsoever.

[50] 卢卡斯的演讲词、书信及其他政治作品自1747年起陆续在都柏林分别出版。这些作品1751年在伦敦结集出版为两卷本,标题为"所宣称与所辩护之大不列颠与爱尔兰的政治宪法"。

[51] 尤其参见格拉顿支持自身关于爱尔兰权利宣言之动议的有关演讲,April 19, 1780, *Grattan's Speeches*, edited by his son, London, 1822, vol. i, p. 38ff. , and on Feb. 22, 1782, *Ibid.* ,

p. 104ff.；他关于废除《爱尔兰宣言法案》的演讲参见 July 19, 1782, *Ibid.*, p. 145ff。这些演讲中的后一篇,连同弗勒德和其他人的演讲被收入 *The Parliamentary Register or History of the Proceedings and Debates of the House of Commons of Ireland*, 2nd Edition, vol. i, Dublin, 1784。对这些演讲以及整个爱尔兰宪法问题的一个公正而明智的评述来自鲍尔(Ball)的《爱尔兰立法制度》。废除《爱尔兰宣言法案》的英国制定法是 22 George Ⅲ, chapter 53. 放弃针对爱尔兰的立法权的法案是 23 George Ⅲ, chapter 28. 也可参见 W. Ellis Hume Williams, *The Irish Parliament form the Year 1782 to 1800*, London, 1879。

[52] *The True History of the American Revolution* (1902), pp. 132-133; *The Struggle for American Independence* (Philadelphia, 1908), vol. i, pp. 202-203.

[53] *Ante*, p. 17, Note 1.

[54] *Parliamentary History*, vol. 23, column 737.

[55] *Ibid.*, vol. 23, column 740. 整个这场辩论,尽管显得颇为冷淡,在该主题上却有着无疑的重要性。参见 Parliamenta-

ry History, vol. 23, columns 16-48, 322-342, 730-757,各处均可见其影响。

[56] *Parliamentary History*, vol. xvi, column 173.

[57] Gierke, *Political Theories of the Middle Age*, Introduction, p. xliii.

[58] Eth. *Nic.* I. 1.

[59] *The Case Stated*, pp. 87-88.

[60] *The History, and Reasons*, p. 114ff.

[61] *Magna Carta Commemoration Essays*, edited for the Royal Historical Society by Henry Elliot Malden, 1917, pp. 122-179.

[62] "Pronunciato" of the Parliament of 13 Henry IV (1411), "Rot. Parl." iii. 647.

[63] See "Rot. Parl." iv. cxxx, No. 10.

[64] 关于废除权,参见"Rot. Parl." iii. 352 A; *ibid.*, pp. 425 A-B; 426 A, 442 A; stat. i. Hen. IV, cap. iii. ; stat. ii. Hen. IV, cap. xiii. ; "Rot. Parl." v. 374 A-B; stat. 39 Hen. VI,

cap. i. ;'Rot. Parl.'vi. 191 A. 也可参见"4 Inst,"p. 52.

[65] 这一名句出现在1295年国王针对僧侣而发给模范议会的传唤令状中("Parl. Writs", vol. i., p. 30)。令状这样开头:"Sicut lex justissima, provida circumspectione sacrorum principum stabilita, hortatur et statuit ut quod omnes tangit ab omnibus approbetur, sic et nimis evidenter ut communibus periculis per remedia provisa communiter obvietur."这里提及的"lex"可能来自于查士丁尼"法典",5,59,5,其中没有提及政治人物的任何信息,只有根据遗嘱或其他方式委任的若干名"共同监护人"(cotutores)的共同行为。原始用语是:"ut, quod omnes similiter tangit, ab omnibus comprobetur."提到如下事实会比较有趣:在爱德华国王令状发出三年后的1298年出版的"Sext"一书结尾处附录性的"De Regula Juris"中,博尼费斯八世(Boniface the Eighth)将如下格言作为第29条:"Quod omnes tangit, debet ab omnibus approbari."

[66] "Annals of Burton", p. 471, quoted in Stubbs. "Select Charters"(ninth edition), p. 331.

[67] *Ibid.*

[68] *Magna Carta Commemoration Essays*, pp. 140-145. 我只能公允地说,我的解释并非没有遭到反对。参见如下较有分量的论辩:Mr. T. F. T. Plucknett, *Statutes and their Interpretation in the First Half of the Fourteenth Century*, Cambridge, 1922(*Cambridge Studies in English Legal History*)。在仔细考虑过这些反对意见之后,我依然坚持在1917年提出的根本立场。

[69] *Statutes and their Interpretation*, pp. 30-31.

[70] 布鲁克的参考资料可在如下来源中找到:*Parlement*, Nos. 29,70,84,90,101, and 108. 他最早的参考资料是这个案例 *Y. B.* 36 H. vi, No. 3;其他案例包括18 E. iv, No. 16; and 21 H. vii, No. 21(在1679年版本中应为 No. 20)。对这些案例的解读并不能清晰表明法律确认理论已获得明确表达。

[71] *The Case Stated*, p. 69.

[72] *Ibid.*, p. 71.

[73] *Ibid.*, pp. 160-161. 关于爱尔兰立法投票的一部法案(38 Henry VI,1460)似乎最接近于这一问题上的官方表述。在

171

那一年,该法是在"下议院的请求下"制定的,"鉴于爱尔兰本土已经是而且一直是自成团体的,依据的是以同样方式适用的古代法和习惯,免受英格兰本土特别立法的负担,仅仅接受爱尔兰大委员会或议会中明智的上议员与下议员们根据各式古代制定法持有、承认、接受、确认以及宣告有效的法律",参见 *Statute Rolls of the Parliament of Ireland*, edited by Henry F. Berry (Dublin, 1910), vol. ii, pp. 644-645。这些动态分词尤为重要,"制定"(made)未列其中。

另外一个重要例子是位于都柏林的议会予以转化的法案 13 Edward II(1320),其中达成如下共识:"威斯敏斯特第一条例、第二条例、默顿条例、马尔伯勒和格洛斯特条例应被持有,由国王及其枢密院在英格兰制定的其他立法应在本届议会与下届议会任期内获得审读、审查并发布,那些适用于爱尔兰人民及其领土和平的立法要点应当予以确认和持有,那些本地的优良习惯和惯例除外。"Berry, *op. cit.*, I, pp. 281-283. 斜体非原文所加。这里的主张实际上要求英格兰法在爱尔兰的生效以"接受"(reception)为前提。美国对早期英格兰制定法的类似主张参见 Maryland's Constitution of 1776, section III of the Declaration of Rights, Thorpe, *Constitutions*, III, 1687。

达西在论证中援引的另外一个例子发生于 1410 年(XI Henry IV), Berry, *op. cit.* I, p. 520.

[74] Forsyth, *Cases and Opinions on Constitutional Law*, p. 1; Chalmers, *Colonial Opinions* (American Edition, 1858), p. 206.

[75] 关于1767年总检察长德格瑞(DeGrey)和副检察长威尔斯(Willes)的联合意见,参见 Forsyth, *op. cit.*, p. 3; Chalmers, *op. cit.*, p. 211。关于这一点上的其他意见,参见 Forsyth, *op. cit.*, chap. i, 包括编辑注释; Chalmers, *op. cit.*, pp. 206-232, and St. G. L. Sioussat, *The Theory of the Extension of English Statues to the Plantations*, reprinted in *Select Essays in Anglo-American Legal History* (Cambridge, 1907), vol. i, p. 416.

[76] "种植园"的原初含义并非通常假定的那些被新定居者占领的土地,而是定居者自身的转移或迁徙,土地占领的含义是次要的。霍布斯使用过"人的种植园"这一表达,且这在

16、17世纪并非不普遍。埃德蒙·斯宾塞（Edmund Spenser）和约翰·戴维斯爵士（Sir John Davis）习惯性地将阿尔斯特定居地称为"殖民地"和"种植园"。

[77] 早在1305年就有证据表明，爱德华一世在心中至少构思着英格兰和苏格兰之间的一种"立法联盟"，参见 *The Acts of the Parliament of Scotland*, vol. i, p. 13（Record Commission）；但是苏格兰人自己搅乱了所有这些计划长达300年之久。1653年的《政府约法》（*Instrument of Government*）为苏格兰和爱尔兰确定了参与护国公之议会的代表权和代表名额，参见 Gardiner, *Constitutional Documents of the Puritan Revolution*, p. 317; C. S. Terry, *The Cromwellian Union*（Scottish History Society），1902；*Burton's Diary*, vol. iv, pp. 94, 99, 100, 101210, 211, 213, 217, 219. 对来自《伯顿日记》的这些有趣篇章的参考，连同护国公议会中苏格兰和爱尔兰的议员权利问题，我深深感激马科斯·L. 汉森先生（Mr. Marcus L. Hansen），他非常友善，将其研究结果提供给我参考。

[78] William Berry, *The History of the Island of Guernsey*,

pp. 223-224.

［79］ 45 George Ⅲ, chap. cxxi.

［80］ *Hansard's Parliamentary Debates*, 1st Series, vol. v, p. 629, (1805).

［81］ *Ibid.*, 630.

［82］ *Ibid.*, 632.

［83］ *Ibid.*, 647.

［84］ *Ibid.*, 646.

［85］ Statute 45 George Ⅲ, Chap cxxi, Section xii (1805).

［86］ 特别参见, 8 *State Trials*, N. S., pp. 311, 312, 314-316 and appendices B and C (pp. 1097-1126, 1127-1222), 参考文献同时涉及历史来源、现代著作和案例; 也可参见 Renton and Phillimore, *Colonial Laws and Courts* (1907), pp. 128-142; William Forsyth, *Cases and Opinions on Constitutional Law* (1869), pp. 390-393; Sir Henry Jenkyns, *British Rule and Jurisdiction Beyond the Seas* (1902), pp. 37-41; Sir William R. Anson, *The Law and Custom of the Constitution*, vol. ii, Part Ⅱ (3rd edition) chap.

v, Section 2.

[87] *In the Matter of the State of Jersey*, 9 Moore; *Privy Council Cases*, 185 (1853); also in *State Trials*, New Series, 8, 285.

[88] 9 Moore *P. C.*, p. 262.

[89] I*n the Matter of the Petition of the States of Guernsey*, 14 Moore, *P. C.*, p. 368.

[90] 8 State Trials, N. S., pp. 314-316.

[91] *In Re Daniel*. 该案报告未公开收录,但可找到摘要,参见 8 *State Trials*, N. S., pp. 314-315.

[92] 8 *State Trials*, N. S. pp. 315-316.

[93] *British Rule and Jurisdiction Beyond the Seas* (1902), p. 37.

[94] *The Law and Custom of the Constitution*, vol. ii, Part II (third edition, 1908), p. 55.

[95] Sydney George Fisher, *The Struggle for American Independence* (1908), pp. 202-203; ante p.

[96] *Howell's State Trials*, ii, column 567.

[97] *Howell's State Trials*, ii, column 568.

[98] *Ibid.*, column 684. 整个案件都应当被认真阅读。

[99] 1 Jac. 1, cap. 1.

[100] 在1608年,英格兰和苏格兰的关系是一个棘手的政治与法律问题。英格兰议会反映出英格兰人对苏格兰人的敌意,当时拒绝通过通篇贯彻詹姆士国王两国联盟计划的议案,*Parliamentary History*, vol. i, pp. 1018-1023, 1075-1119; Gardiner, *History of England*, vol. i, pp. 324-337. 因此,在加尔文案裁决中除了绝对必要之外不引入更多内容,这一做法是可欲的。还有一个法律理由同样增加了该问题的棘手程度。如果前纳梯先前效忠的苏格兰国王在自身荣登英格兰国王宝座之前在封建意义上是完全独立于英格兰国王的话,则前纳梯在政治上很可能就被排除了。另一方面,存在一种法律教义认为,这些苏格兰臣民可能已被英格兰所继承,"如果他们生而为苏格兰国王之臣民,后者在其作为封臣时期以英格兰国王之封臣与属下的名义掌控其王国或领土。" *Craw v. Ramsay, Vaughan's Re-*

ports. p. 281. 不过,臭名昭著的是,自从爱德华一世时代开始,英格兰人一直坚持认为苏格兰王国只是英格兰国王的一个封地,苏格兰国王是"封臣",有关文献在塞尔登(Selden)关于福蒂斯丘(Fortescue)作品的注释中得到了详尽列举,参见 *De Laudibus Legum Angliae*, chapter xiii, pp. 5-6, London 1660。当然,这种主张受到了苏格兰人的极力反对,托马斯·克雷格爵士(Sir Thomas Craig),《王国联盟》一书的作者,在 1602 年写了一本书来否证该主张(《苏格兰主权论》,伦敦,1695;其拉丁文原本从未刊印),或许并非没有得到苏格兰王室的鼓励。晚至伊丽莎白女王时代,一名被控强奸的苏格兰人在英格兰被拒绝适用一种外事审判程序(a trial *per mediatatem linguæ*),"因为一名苏格兰人在这里从未被当做外侨,而是臣民。"(Dyer's Reports, p. 304a.)显然,这在法律上是一个很好的问题,但在政治上又是一个超级危险的问题。人们可能有理由怀疑,对前纳梯的排除是否是一种合理的法律。理由显然是政治的。

叛国罪(treason)的整个历史就是对加尔文案核心原则——效忠是个人性的,不是民族性的——的一个注解(commentary)。

关于这一问题的早期观点和当代观点很有价值,参见 Sir Matthew Hale's *History of the Pleas of the Crown*; Sir Edward Coke's *Institutes*, *First*, *Second and Third*; Hawkins, *Pleas of the Crown*, Sir Michael Foster's *Crown Law*; Standard, *Pleas of the Crown*; Lord Chancellor West's *Discourse Concerning Treasons*; Sir Robert Holbourne's *Reading on the Statute of Treason*,关于叛国罪的诸多审判资料报道于 *State Trials*.在斯特拉福德案中,圣·约翰(St. John)强烈请求适用这样一种理论,即叛国罪可以针对国王的政治人格,参见 Rushworth, *Strafford's Trial*, pp.694ff;不过他的主张显然不能说服大法官们。皮姆(Pym)的主张遇到了同样的结果——显然没有决定性意义——参见 Rushworth, *op. cit.*, p.661ff。

[101] *Vaugham's Reports*, 274ff.

[102] *Ibid.*, p.277.

[103] 相关审判报告在约翰·沃恩爵士(Sir John Vaughan)死后由其子出版,其中一些审判报告依然清晰保留着粗略的笔记(notes)形式。

[104] *Vaughan's Reports*, p. 278.

[105] *Vaughan's Reports*, pp. 285-287.

[106] *Ibid.*, p. 287.

[107] *Ibid.*

[108] *Ibid.*, p. 291.

[109] *Ibid.*, pp. 299-301.

[110] *The Crown as Corporation*, *Collected Papers*, vol. iii, p. 257.

[111] 绝大多数利用过爱尔兰宪法类似物的美洲小册子作家们都承认,爱尔兰是一个被征服国家,但美洲不是,基于这一区别,他们提出了独立于英国议会的更高诉求。例如写作于1774年的James Wilson, *Considerations*(Works of James Wilson, 1804), vol. iii, p. 234; Dickson, *Essay*, Philadelphia, 1774, p. 389, 以及其他作品,尤其是约翰·亚当斯在其大作"诺凡格鲁斯"的第9篇和第10篇中对这一主题进行了最为详尽的考察分析。"约束爱尔兰的英国议会权力——如果存在的话——建立在与美洲情形完全不同的原则基础之上。前者建立在爱尔兰

人通过支配该地的波伊宁法而给出的同意和协议基础之上,如果该法能够提供任何权力基础的话;这种同意和协议是作为一次征服的结果而被给定的。"(*Works*,1851,vol. iv, p.151.)"这些就是爱尔兰的依赖与臣服所基于的相关原则。我们不必深究这些原则是否正义,爱尔兰民族从未完全信服这些原则的正义性,但也从未对此表示多么不满,尚未成熟自觉并准备好就这些原则展开争辩。爱尔兰人的有关质疑曾得到托利党人最迟缓的应答。"(*Ibid.*, p.158)"毕竟,我相信不存在任何一部爱尔兰民族接受英国议会统治的明示契约,一部默示契约也不大可能——通过议会法案约束爱尔兰的观念完全是一种专断;而爱尔兰这一曾经有着诸多伟大美德的民族已然遭受了最苦难的压迫。直到今天,它依然处于绝大的伤害与压迫境地之中,我想美洲的通信委员会和议会对此关注不够。或许在未来他们会加强关注。"(*Ibid.*, p.165.)"不过,比较确定的是,这些原则均没有在美洲发生。美洲从未被不列颠征服。美洲从未同意依赖或臣服于英国议会,贸易管制除外。"(*Ibid.*, p.158.)"美洲不是通过血统世袭归于国王的,而是由殖民定居者开发的。

美洲也不是通过联姻归于国王的,而是由殖民定居者从野蛮人手中购买的。"(*Ibid.*, p.170.)亚当斯甚至认为纽约都不能归于一场真正的征服,因为荷兰人的权利(the Dutch title)从未生效。

既然征服是在加尔文案和克劳诉拉姆齐案中可被主张的唯一基础,因为苏格兰和爱尔兰居于不同地位,那么亚当斯坚持认为在美洲不存在源自于征服的任何权利就显得更加重要。

关于对征服主题的进一步参引以及对征服型殖民地和定居型殖民地的区分,可以特别参考已被提及的相关案例:Sir John Davis' Reports, London 1628, folio 28, *Le Case de Tanistry* (in English, Dublin, 1762, *The Case of Tanistry*, p. 78), in 5 James I, for Ireland; *Dutton v. Howell*, *Shower's Cases in Parliament*, London, 1698, p. 24, about 1689, for Barbadoes; *Blankard v. Galdy*, 2 *Salkeld's Reports*, 411, 5 William and Mary, for Jamaica; *Rex. v. Cowle*, *Burrow's Reports*, ii, 834, in 1759, for Berwick on Tweed, 尤其是曼斯菲尔德勋爵的裁决意见; Campbell v. Hall,

Howell's State Trials, vol. xx, 239, in 1774, for the Island of Grenada, 尤其是曼斯菲尔德的裁决意见和编辑所加的梅斯瑞斯男爵(Baron Maseres)的批评意见;Sir John Davis, *A Discoverie of the True Causes why Ireland was never entirely Subdued, nor brought under Obedience of the Crowne of England*, London, 1747（作者为詹姆士一世派驻爱尔兰的总检察长）;Sir Matthew Hale, *The History of the Common Law of England* (London, 1820), chapters 9-10, 连同编辑萨金特·查尔斯·朗宁顿(Sergeant Charles Runnington)的有价值的评注;Blackstone, *Commentaries*, Introduction, Section IV (*of the Countries Subject to the Laws of England*);William Forsyth, *Cases and Opinions on Constitutional Law*, London, 1869, 尤其是第 1 章的注释(p. 12ff), 333ff and 391-393; Herbert Broom, *Constitutional Law*, second edition, London, 1885, pp. 3-56; William Burge, *Commentaries on Colonial and Foreign Laws*, 或是部分内容的重印本, edited by Renton and Phillimore, with the title *Colonial Laws and Courts*, London, 1907; Tarring, C. J., *The Law Relating to the Colonies*, fourth edition,

London, 1913.

[112] 处理引致1719年法案之司法议题的上议院会议摘要可见于John Macqueen, *House of Lords and Privy Council Practice*, London, 1842, Appendix, No. v, pp. 787-791. 说来奇怪,在1641年指控斯特拉福德伯爵的第三条罪状中,伯爵被控犯有叛国罪,因为他曾宣称"爱尔兰是一个被征服民族,国王可以任意处置"(Rushworth, Strafford's Trial, p. 155)。

在这一点以及其他要点上,这个著名案例中有大量重要观点,与我们的讨论主题并非不相关。例如参见Rushworth, *op. cit.*, pp. 457, 640-641, 662。此外,皮姆、圣·约翰和格林(Glyn)处理了整个关于英国议会和适用于爱尔兰之英国法的关系问题(pp. 690-691, 693, 694-699, 711),以及在爱尔兰叛国罪案件中英国议会的管辖权问题(694-699)。上述最后一点饶有趣味,因为它触及了1719年《宣言法案》通过所基于的政治议题。最重要的先例是亨利八世治下的伦纳德·格雷勋爵案(Lord Lenard Grey),其中的某些陈述可参见*Howell's State Trials I*, 439,连同弗朗西斯·哈格雷夫(Francis Hargrave)的一个颇有价值的前言注解。

［113］ *The Old Colonial System*, by G. B. Hertz, Manchester, 1905.

［114］ *Chatham's Colonial Policy*, by Kate Hotblack, London, 1917.

［115］ *Resolutions of the Towns of Suffolk County, Massachusetts*, at Milton, September 6th, 1774, *Journals of the Continental Congress*, Ford's edition, vol. i, p. 33.

［116］ Alden Bradford, *Speeches of the Governors of Massachusetts, from 1765 to 1775, and the Answers of the House of Representatives, with their Resolutions*, pp. 134-136. 有关文件简装重印于 William MacDonald, *Select Charters*, p. 330ff, and *Documentary Source Book*, p. 146ff. See *Post*, p. 156ff。

［117］ *Journals of the Continental Congress* (Ford), vol. i, p. 63ff.

［118］ *Journals of the Continental Congress* (Ford), vol. i, p. 67.

[119] *Ibid.*, p. 63.

[120] *Ibid.*, pp. 68-69.

[121] *Ibid.*, vol. i, p. 119.

[122] Sir Henry Jenkyns, *British Rule and Jurisdiction Beyond the Seas*, p. 10.

[123] *Lord Durham's Report on Canada*, London, 1902, p. 207. 将公共土地纳入帝国事务主要归功于布勒先前关于这一主题的报告,这若放在1774年,无疑会遭到美国人的批判。该报告重印于 Sir C. P. Lucas' edition of *the Report* (Oxford, 1912), volume iii, pp. 34-130。布勒是韦克菲尔德观点的热情支持者,主张有必要对新殖民地的公共土地进行严密控制,保障其以"充分"价格进行买卖。这些观点在韦克菲尔德的《殖民技艺》(*Art of Colonization*)一书中有着长段陈述。还可参见 Stuart J. Reid, *The Life of Lord Durham*, London, 1903 and F. Bradshaw, *Self—Government in Canada*, London, 1903。

[124] 这两份标志性文献付印于 Alden Bradford (ed.), *Speeches of the Governors of Massachusetts*, pp. 368-396。我对它们

的更便利的参考来自于重印本 Hezekiah Niles, *The Principles and Acts of the Revolution*, second edition, 1876。其中,哈钦森的演讲在第 79 页,议会答复在第 87 页。

[125] 1773 年 1 月 6 日,哈钦森总督在马萨诸塞议会发表演讲,这似乎可以视为关于美洲殖民地之帝国问题的首次确切的官方表述。"我不知道有什么界线",他说道,"可以在议会最高权威与殖民地完全独立之间划出"(Bradford, *Speeches*, p. 340)。该演讲付印于 Alden Bradford(ed.), *Speeches of the Governors of Massachusetts from* 1765-1775, Boston, 1818, pp. 336-342。1773 年 1 月 25 日,议会发表声明,对总督演讲作出回应(Bradford, *Speeches*, pp. 342-351)。这一回应是由包括塞缪尔·亚当斯在内的一个委员会准备的。该回应具有重大价值,且直接抵触了总督的主张,但根本的宪法问题表述得不如几周之后的那个回应清晰,我将选取后者加以阐述。

[126] Niles, *Principles and Acts of the Revolution*, pp. 80-81.

[127] Niles, *op. cit.*, p. 81.

[128] *Ibid.*

［129］Niles, *Principles and Acts*, pp. 83-84.

［130］*Ibid.*, pp. 85-86.

［131］*Ibid.*, pp. 86.

［132］*Ibid.*, pp. 87.

［133］Niles, *Principles and Acts*, p. 88.

［134］*Ibid.*, pp. 88-89.

［135］Niles, *Principles and Acts*, pp. 89-90.

［136］*Ibid.*, p. 91.

［137］*Ibid.*, p. 93.

［138］Niles, *Principles and Acts*, p. 93.

［139］Justin Winsor, *Narrative and Critical History of American*, Vol. VI, pp. 68-112.

［140］由查尔斯·弗朗西斯·亚当斯（Charles Francis Adams）编辑,波士顿1851年版,第4卷,第1—177页。

［141］相关篇幅为:pp. 41-42, 42-43, 45-46, 47, 51-52, 76 and 78.

［142］p. 41.

[143] p. 52.

[144] p. 76.

[145] 尤其参见亚当斯选集的相关篇幅: pp. 37,38,99-100,105-106,113,114,122,123-125,127,133,142-146,151,157-159,162-163,165,169-172,174,176-177.

[146] *Ibid.*, pp. 176-177.

[147] *Works of James Wilson*, L. L. D., edited by Bird Wilson, Esq., Philadelphia, 1804, vol. III, pp. 199-246.

[148] Reprint, Wilmington, Del., 1801.

[149] reprinted by Paul L. Ford, in *Writings of Jefferson*, I, p. 427.

[150] *A History of the United States*, Vol. III, p. 142.

[151] *Ibid.*, pp. 142-145.

[152] *Ibid.*, p. 183.

[153] Fourth Edition, London, 1768, pp. 9-10.

[154] *Ibid.*, p. 164.

[155] 参见 *New York Colonial Documents*, VI, pp. 889ff。

[156] *Wraxall's Abridgement of the New York Indian Records*, *Harvard Historical Studies*, Introduction, pp. x-xl, xcvii ff.

[157] *Journals of the Continental Congress*, Ford, I, pp. 49-51; 也可参见 pp. 43-49。

[158] See *Journals*, I, p. 51.

[159] Bernard Holland, *Imperium et Libertas*, pp. 73-80.

[160] *Parliamentary History*, Vol. XVI, col. 156.

[161] *Ibid.*, col. 158-159.

第三章

先例:自然法与根本法,税收与真实代表,宪章

在美国人力主的所有观点中,只有一个观点支持了他们关于免受英国议会干预之权利的全部主张,该观点来自王国本土与殖民领地的宪法关系。

经常被遗忘的是,美国人主张的不过是一种作为宪法权利事项的完全豁免。前引大陆会议宣言第四条款就是明证。然而,果真如此的话,稍加回顾即可显示,殖民地宪章甚或自然法或根本法中没有什么观点足以证成之。大部分殖民地在1774年并无宪章,而除了自然法确立和保障的有限事项,或英国普通法的若干根本原则,抑或二者之某种结合——其中,自然法已"被灌输入英国宪法"——在此之外,所谓根本法的存在并未对议会权力作出任何限制。其他一切均未涉及。

因此,单纯基于根本法或自然法的反对立场或许只能证成对议会某些制定法的反对——那些径直侵犯根本法或自然法的制定法——但根本法没有为大陆会议对覆盖美国之整体议会权力的完全否认提供任何理由。唯一充分的理由存在于来自王国本土与殖民领地关系的观点之中,来自于对英国长期议会1649年宣言(英联邦即刻成为统一的帝国)的否认。根据这一观点,美国人的理由确可被判定成立与否。

美国历史学家们在总体上否认美国主张之合法律性(lawfulness)的倾向,可能要归咎于对这个事实的淹没,也就是对英帝国观点的不当忽略;也要归咎于对根本法所提供之不甚宽泛理由的过度排他性强调。因为仅仅基于根本法观点,显然立刻可以得出结论:在要求完全免于议会控制时,美国是在超越其权利正当性范围漫天要价。

很有可能,在美洲抗争中坚持将自然法和根本法作为唯一或主要议题的单边化立场——特别是辉格派历史学家们——有时恰恰导致了与英格兰当时作为"国王之友"及其反动政策对立面者(尤其是辉格党中的一翼)的立场完全一致。确实,英国政治家中最自由化的一派,至少在部分意义上接受了美国人的自然法信条;但就我的发现,除了一小部分被驱逐的激进派之外[1],实际上在英格兰很少有人会完全地且有意识地同意亚当斯们(the Adamses)在1774年关于英帝国真实宪法的观点。卡姆登、柏克(Burke)、巴雷(Barre)非常激烈地反对在美洲征税,皮特则以未加衡量的术语将之谴责为无权利,不过皮特还说:"让这个国家针对殖民地的主权权威尽可能遭用足够强烈的术语来主张将权力扩展至每一点吧。我们可以约束他们的贸易,限制他们的制造业,行使他们的任何一种权力,除了未经同意而将金钱从他们口袋里拿走。""他(皮特)并没有超越他那一代人去发现殖民地统治的真正科学。"[2]

不过,尽管基于自然法或根本法的这一主张可能比英帝国宪法所提供的主张显得更窄,但它已足够重要地确保了在一篇关于美国革命之宪法诸层面的论文中,对作为其基础的历史先例进行某种审视,并对关于这些先例的相关解释的正确性进行某种评估尝试。因此,尽管会很简短,我现在也必须转向这一点;为追求理论处理上的更高清晰性,我将首次努力揭示上述观点的准确性质,仅以"革命"时期诸多陈述之一作为例证,然后再追溯这些陈述的早期先例,旨在对其价值加以分析;在此探索过程中,必须看到以下事物之区分:(a)作为法律理由而不仅仅是政治理由的自然法;(b)英国普通法的"根本法";(c)上述二者的可能结合,其中自然法"被灌输入英国宪法"。

美国宪法教义的连续变化近来被视为一种持续的"退却"(retreat)。事实上,这些变化展现的正是一种稳定的发展。在该发展过程中,几个阶段清晰明了。第一阶段,依据宪章进行抗争,例如1721年耶利米·杜默(Jeremiah Dummer)著名的《辩护书》(*Defence*)。这一阶段在1765年已确定性地结束,其时,在一场深思熟虑的辩论之后,印花税法案大会决定将其抗争建立在更宽厚的英国人权利基础之上;而殖民地宪章仅对更大范围的论点起到一种辅助作用。第二阶段,依据辉格观点进行抗争,即英国宪法建立在自然法基础之上,是一部自由宪法,保障其无论身处何处的臣民享有自由政府所附带的根本权利。第三阶段,也就是宪法抗争的最后一个阶段,主要观点来自于1774年大陆会议宣言中所主张的英帝国宪法。随后进入革命阶段,对自然法进行最终的、政治的、非宪法的诉求,这里的自然法不再是英国宪法的一部分,而是作为一般性的人的权利;政治请求的对象也不再是英国人,而是全世界。在这些宪法性处置方案中,只有前三个阶段与我们直接相关。我已经根据各自的相对重要性对它们进行了反历史纪年的排序；在新序列中,基于英国法之自然法与根本法基础的观点位居第二。该观点或许可以同时得到英国和美国解释者不甚确切的阐述,因为根据这一观点,美国人和英格兰辉格党的最自由化一派是完全一致的。该层面的大致观点众所周知,无需怎样定义,我也不会从詹姆士·奥蒂斯(James Otis)发表于1764年的《英属殖民地之权利》(*Rights of the British Colonies*)一书中引述多少,该书是从自然法视角立论的最早且最有影响的小册子之一。对该书主要的兴趣点在于这样一个事实,即奥蒂斯的立论尽管是以自然法为基础的,不过仍然是一种宪法视角。该书的全部有效性都依赖于书中如下假定的正确性:这种自然法同时也是英国宪法的一个根本组成部分。当然,稍加审视就足以揭示,该书的出发点正好是美国最终宪法立场的对立面;因为该书的全部观点都基于这样一个核心假定,即英帝国是一个长期议会所称的

"联邦和自由国家"。英国议会对这个国家的权力已被真诚接受,而美洲殖民地立法议会的臣服属性也已被完全承认。不过,尽管帝国是一体的,议会主权存于其中,但它也是个*自由*国家;就像马萨诸塞立法议会在1768年所言:"在所有的自由国家,宪法都是确定无疑的,而由于最高立法者的权力与权威来自该宪法,它不可能在不摧毁自身根基的条件下超越宪法界限。"[3]

奥蒂斯指出:"*没有什么规定足够古老以至于可以取代自然法和全能上帝的恩赐;上帝赋予所有人以自由的自然权利。*"[4]

"*自然法并非人造,亦非人力可以修正其内容或改变其路线。*"[5]因此,尽管议会拥有"一种不容置疑的权力与合法权威"来约束王国本土和殖民地[6],甚至可以达到废止"美洲任何一部宪章"[7]的地步;但每一个美洲人都被授予了作为一个英国人的所有权利,这些权利

155 独立于所有的殖民地宪章,"依据的是上帝和自然的法律、普通法以及议会法"[8],"来自光荣革命重构的英国宪法"。[9]不过,假如英国议会借助误报信息(misinformation)在某个殖民地错误行使了其"不受限制的"权力,则也必须被遵守。尽管如果所涉法案是"违背自然平等的,负责执行的法院将会判决这些法案无效"[10],但"只能由议会自己来废除相关法案"。[11]不过,如果上述论点均被承认,则"声称议会既是绝对的,又是专断的,就是一种自相矛盾。议会不可能创造出数字 2 和 25;全知全能者(omnipotency)也办不到。一国之内的最高权力只是在解释法律(*jus dicere*)——制定法律(*jus dare*),严格来讲只能专属于上帝。议会只是在所有情形下宣布什么符合整体之善;但这不是在宣布议会自己实现了善;在每一种情形下都存在着一种更高权威,即上帝。假如一部议会法案违反了上帝永远正确的自然法,议会的宣布就与永恒真理、平等与正义相悖,结果归于无效;从而,当议会确信自身有错时,由议会自身作出宣判"。[12]

简言之,对奥蒂斯而言,美洲的自由依赖于一个据其定义属于绝对但不专断的议会,而可想象的最专制的政府形式,将是免予议会控制的自由并单纯臣服于国王。这就是纯粹而简洁的辉格教义,更多是英国做派,而不是美国做派。该立场的每一条都被英格兰的自由辉格党人接受了。这完全不是显著的殖民地或美国教义。

因而,在《宣言》以及印花税法案大会——奥蒂斯是成员之一——起草的三份备忘录中,印花税遭到基于最纯粹辉格原则的反对,其宪法立场与一年前表达于《英属殖民地之权利》中的立场完全一致。同一立场还表达于若干年后的《马萨诸塞公开信》中。马萨诸塞在1768年在宪法上仍然是英国式、辉格式的。它只是在主张许多英国政治家完全赞同的权利——"对英国宪法根本规则的完全享用",并带着同等的赞同宣称"一人诚实所获之物绝对属于该人所有,这被作为一项根本法灌输进英国宪法,是一种本质上至关重要、不可改变的权利,曾被王国本土臣民视为神圣且不可撤销之真理;权利人之物,权利人可以自由给予,但不能在未经同意时被夺走"。[13] 不足为奇的是,辉格历史学家,比如乔治·奥托·特里威廉爵士(Sir George Otto Trevelyan),曾依据上述立场充满同情甚至热情地为美国反对派撰写过相关作品。美国人确曾为作为英国人的自由而战,就像作为美国人追求自由一样,而在当时的英格兰,发生着同样的抗争,为着同样的原则而战。不过在1768年,美国正处于辉格主义的高水位。可是,戛然而止。从那时起,辉格潮流开始退却,连带着退去的还有英格兰的同情。到1774年,美国已不再是辉格式的。卡姆登学说已被转换为莫利纽克斯学说,下一年,英国的辉格党和托利党就针对美洲的高压政策结成了政治联盟。

我们欠辉格原则太多——亏欠十分巨大——辉格历史学家也许会认为欠得更多。辉格党人为英国做了许多事；但没有做完所有事。他们的学说为美国自由和宪政贡献良多；但他们在大功告成前一刻停步了，而他们停步是因为他们已变得不敷使用。

辉格党人的学说是一种实实在在的议会至上论。根据他们的信条，英帝国是一个联邦，而英国议会是其主人。这一理论没有为议会权力的任何滥用施加制约；议会是主权者和超越法律的立法者（*legibus solutum*）。但是，美国人已开始怀疑辉格自由派的如下相应主张：这一不可抵制的权力从不"专断"，不可能为非。由于抗议被屡次拒绝，美国人现已进一步确信，英国议会只会顽固坚持其在有关事项上的权利，而这被他们认为是对英国自然法和根本法下相关权利的侵犯。辉格学说的本质缺陷在此清晰呈现。与针对专制国王的君权神授学说相比，辉格学说针对一个压迫性的议会没有提供任何更多的补救,唯有"叹息和眼泪"。甚至像奥蒂斯这样的美国辉格党人,在其小册子中也承认美国的唯一求救途径就是请求英国议会撤销遭到反对的法案,而印花税法案大会所求不过如此。

毫不奇怪,在一项旨在搁置(suspending)如下与税收无直接关系之诸部制定法的议会法案通过之后,确实存在上述辉格立场的一种"退却":《纽约立法议会》《波士顿港口法案》《马萨诸塞政府法案》《司法管理法案》。

随之而来的是,美国的最终宪法立场完全不是辉格式的:在诸多方面不仅不是辉格式的,还是反辉格的;因为他们所反对的全能化与帝国化的议会学说更像是一种辉格原则,而不是一种托利原则。美国历史学家对待英国史与殖民地史的传统态度是严格的辉格式。从辉格思想来源中,可能也根据清教徒的种种偏见,他们的灵感尽数涌现,其结果一直是不幸的。

一旦当时作为英帝国一部分的美国的最终与根本

的宪法要求获得关注,我们对英格兰的亏欠就显得微小了,而且更多指向激进派而非辉格派;同时,那些激进派人数很少,影响不大。我们对辉格主义的亏欠呈现为另一种类型:可以在我们那些积极进步的政府制度中找到,后者的基础早在独立革命抗争之前很久就已奠立。这些制度在很大程度上都注入了辉格原则,因此它们在革命过后继续保持。这些辉格原则仍然包含在我们现今的宪政体系之内,根据同样的原则,无疑实际发生的独立革命在很大程度上就是正当的,因为没有哪个辉格党人能够逻辑一贯地否认一种最终的"革命权利";但是在实际革命前之宪法抗争的最终与最重要阶段,辉格原则作用甚微。辉格党人引发了英国革命,但1774年的美国革命学说是对1688年主要原则之一的新式反叛。甚至在1839年还有一位贵族激进派,为了挑战辉格党内阁大臣,将殖民地的自由大宪章发行于世,这就在实践意义上(若非法律意义上)包含了真正的美国

"革命"原则。

如果我在后期更重要的帝国理论和之前的根本法—自然法理论之间作出正确区分的话,很显然可以看到,后者作为美国革命的一种"原因"显得更不重要。根本法理论对美国宪法史的极大重要性在于其对美国特色的正面宪法学说的影响,我在别处处理过这一影响的早期史。[14]不过,我现在暂不关注这种影响,且既然辉格原则和根本法都不甚重要,似乎没有必要像对待帝国理论那样进行同样细微的起源考察。

当然,值得记取的是,源于自然法的相应观点在18世纪远比在今天所起的作用大,而尽管这些观点只是美国宪法抗争中的一个暂时阶段,但是当革命取代宪法抵抗以及新结构伴随革命而来时,它们会以双倍的力量复归。内心铭记如下史实是重要的:追随哈林顿和洛克的辉格党人极力强调的个人财产"自然"权利,在与君权神授学说的早期抗争中居功至伟,后一学说将臣民及其财产置于主权者的绝对支配之下。在今天,同样的自然法观点有时被以极有问题的方式运用于捍卫既得利益,并在其受到应有谴责时提供辩护,这一现象不应抹杀自然法观点的先前贡献,或者模糊如下事实:在18世纪对自然法的诉求,承载着由明智而自由之心灵支撑起的最伟大道德分量。

一旦自然法关注到美洲的宪法斗争,其重要性就将归于这样一个信条:自然法已"被灌输入英国宪法"而成为英国法的一部分。因此,1766年的卡姆登勋爵谴责了议会《宣言法案》,称其是"一部法案,其存在是非法的,绝对非法,抵触了自然的根本法,抵触了英国宪法的根本法,而英国宪法建基于永恒且不可更易的自然法"。[15]

这一总体观点的三个核心论点都包括在这里了:自然法、英国宪法中的根本法以及这两者最低限度的局部一致性。

这些论题中的每一个在英格兰都有某些早期先例来支持,其中自然法可落实于18世纪欧陆伟大法哲学家的观点之中;然而现代主权概念快速对其进行了侵蚀,其侵蚀结果没有受到代表制主权对君主主权之替代的影响。这只是真理之法与意志之法两大观念之间长期对抗之历史阶段的一个片断。与罗马人及教会法学者一样,英国人创造了国际法与自然法甚至国内法与自然法之间的局部一致性。对于柯克而言,古代习惯法同样是"理性的完美化",而圣·杰曼(Saint German)也说过,理性法是英国法的主要基础之一,在术语上英国律师更喜欢使用理性法而非自然法。这里没有必要对此类观点予以深究。[16]

不过,自然法这一术语总是一个含义模糊的术语。盖尤斯(Gaius)、乌尔比安(Ulpian)以及《学说汇纂》(*the Digest*)的其他作者在自然法实际内容问题上分歧极大,而自然法也确实很难将法国的萨利克继承法(the Salic

Law)和英国继承法包容进同一个"自然"体系中,同样难以坚持认为像英国陪审制这样的制度是建立在"不可更易的自然法"基础上的。在他们于1765年发起的第一轮正式抗议中,美国人所抱怨的对其自然法下相关权利的主要侵犯是以下两点:"自我征税和同等人审判这两种珍贵权利。"[17]当然,他们意指的第二种权利就是陪审团审判,有很好的基础认为这是英国"根本法"的一部分,尽管其"自然"基础完全匮乏。他们在这里只诉诸先例,他们主张之正义性也完全依赖于先例,不过所依赖的是很强有力的先例。

关于税收问题,他们的请求显得更加具有历史重要性,因为它构成了美国宪法抗争的第一议题。当然,尽管由于这一原因而显得很重要,但它也只是来自自然法或根本法之一般性观点的一部分,而整个此种观点本身也不过是美国人宪法观点发展的一个暂时阶段。不过,尽管税收问题并非美国革命的主要宪法"原因",但它通常被这一时期的历史学家认为是,而且从1765年至今,关于这一问题产生了大量作品,远远超过对这场冲突中其他宪法议题的讨论。

税收议题的文献充足,免除了我再次处理的必要性,除了在最普遍意义上予以关注之外。

单纯基于自然法的话,在1765年,更适宜处理的议题是私有财产和税收同意权,而不是陪审团审判。当然,这样一种自然法的主张肯定是极度不可靠的,无论是哲学上还是历史上[18];但是对自然法效力的这些现代质疑不会得到1765年至1776年间英国或美国任何一方中多少人的支持,而自然法观点的力量不能由我们单纯依据自身标准作出裁断,必须依据18世纪流行的社会哲学——尤其是在英格兰——作出裁断。

英国革命是贵族尤其是土地贵族的杰作;因此,其结果就是地主阶级地位的加强,其哲学包含着一种关于私有财产"自然"属性的教义。只有詹姆士二世的余党才可能继续主张所有的财产都归于国王,同时也不存在可观察到的共产主义者(communists)。洛克无比强烈地主张依据自然法对取得物享有的个人权利,而洛克理论的这一部分在实践中被广泛接受。没有哪个辉格党人,无论是自由派还是非自由派(以及两者构成的整体)能够批判这一原则,没有人这么做;而绝大部分的托利党人到1765年时也已完全同意这一原则。作为依据自然法的这一全体一致共识的结果,关于议会对美洲征税的权利主张就呈现为两个几乎完全是排他性的事实问题:过去的案例中是否存在议会在王国本土外领地未取得被征者直接同意或通过其代表同意即予以征税的历史事实;王国本土内的英国人当时是否被或者在过去的时代是否曾被议会所管制,从而在他们事实上对任何议员之选举没有发挥积极作用或发出声音时即被课加负担。这两个问题,税收与代表的联系以及"实质代表"(virtual representation)的法律充分性(legal adequacy),是这一争论部分的真正重点。尽管卡姆登可能会宣称:"税收和代表是不可分离地联系在一起的;上帝连接了它们,英国议会无权分开"[19];或许来自爱尔兰、威尔士、海峡群岛、切斯特、加莱或教职会议(Convocation)史的相关观点有着更大的影响。确实,它们于我们而言更切中要害。

它们作为很久以前发生的常规案例被援引来作为今日之事的决定性证明,并不都是有决定性意义的;不过,其中某些案例要比其他案例更有决定性。切斯特被征过税,同时由于其反对而获得了代表权,这一事实可以被任何一方利用,就看其强调的重点是放在前期的征税还是后期的抵抗以及随之而来的代表权。不过,爱尔兰、马恩岛以及海峡群岛是有利于美国主张的更强有力的先例,不仅因为它们从未被征过税,还因为它们和其他种植园殖民地一样在地理上是与王国本土分离的领地,是永久的地理分离,在历史命运上永远不会被完全吸收进英格兰本土所奉行的议会体系之中,后者包含所有的英格兰郡县。教会税收的先例也是美洲反对派从未公开面对的问题。不过,所有这些在无数小册子、若干重要法律意见以及大部分现代著作中无休止地予以重述的事例,假如税收不是美国革命时期的终局议题的话,对我们就没多大意义了。单纯的税收争议阶段,尽管由于承载着同意命题而显得重要,但在关于宪法主题的现代讨论中似乎没那么重要,尤其是根据近期关于英格兰国家层面上之封建起源与议会批准权开端的调研成果提供的有关证据来看。[20]

作为议会对殖民地征税权理由之一的"实质代表"的主张,建立在这样一种假定基础上:王国本土外的英国人被授予了本土内英国人的权利,但仅此而已,而事实上在本土的若干地方有许多人臣服于议会控制,却在议员选任上没有直接的发言权;简言之,英格兰许多地方的情形是,其居民无论在事实上还是在权利上都不能选择立法机构成员,而后者却对他们课征赋税。因此,既然殖民地英国人被授予了不超过本土英国人的权利,那么美国人就不可能被授予超出英格兰本土最无权者的权利。关于这一原则的此种陈述显示了一种政治不正义性,特别是其被人们记取的是当时英格兰事实上的政治不平等的宽泛性。不过,我们即刻关注的并不是政治正义或政治权宜,而只是作为18世纪议会对殖民地征税权理由之一的实质代表理论的法律有效性。这一法律有效性在很大程度上取决于如下假定的正确性:在美国革命之前,确实存在英格兰的一些地方在议会中没有实际代表——关于这一点,我相信弥足可疑。著名的曼彻斯特、利兹、伯明翰以及其他一些大城镇曾经常被而且依然被援引来作为该理论的证据;臭名昭著的是,这些大的城镇没有向威斯敏斯特派出代表。然而,基于这些个案的观点,作为一种严格的法律观点——超越法律也就没什么要讨论的观点了——似乎犯下了一个致命的混淆:低代表性(under-representation)和无代表性(non-representation)。这些大的中心城镇的低代表性无疑非常严重,但无论这种代表性如何微弱与不充分——如果存在代表的话——都是一种实存代表,而不是"实质"代表。这与作为整体的美洲在主权者心目中的期待在法律上完全不同:美洲代表了"实质"的真正含义。结果,这些城镇存在着实存代表。可怜的低代表性在政治上是一个重要问题,但在法律论证上却没有什么后果。他们有着美洲共同体所没有的代表权,因为他们每个人都生活在某个英格兰郡县,而其中的合格市民可以在与本郡县其他选民完全平等的基础上投票选出本郡县代表。这种代表性或许是不充分的,但却是实存的。曼斯菲尔德勋爵的观点在某种意义上有着不同的比较形式。他选择将美洲诸省代表性的匮乏与英格兰银行、东印度公司以及其他社团在议会任何特定代表性的缺失作对比;这一对比恰恰忽略了这样一个事实,即组成这些社团的个人在英格兰议会享有任何一个美洲殖民地均不享有的特权。整个实质代表理论在法律上是空洞的,在政策上是不正义的。在英格兰产生的反对美国主张的诸多观点中,这是最没有分量的;在法律上薄弱,没有事实支撑,即使号称有根据也是诡辩。

下面还有最后一个关于美国反对立场之基础的议题,在时间上应该是第一个;也就是,由英国国王授予殖民者的宪章中包含的相关条款。这一主题在美国革命的原因中只占有微小的重要性。与根本法观点类似,殖民地宪章更多贡献于我们正面的政府制度,而不是导致我们独立的那场斗争。

起初,王室宪章被认为是仅仅涉及国王与直接的被授予者,或权利来源于后者的相关主体间的交易,而甚至被授予者本身,也没有对抗王室授予者可能违反其义务的任何保障机制。关于这些问题,布拉克顿在13世纪说道:"无论是高等法院法官还是私人都不能或不应该[对宪章]产生争议,甚至其中出现含糊之处时,他们也不能加以解释。即使是在充满疑问与含糊不清的事项上或者某些用语存在双重含义时,国王的真实意志与解释方案也必须耐心等待[权威来澄清],因为解释权是从属于他的创建权的"(*cum eius sit interpretari cuius est condere*)。[21]随后就是著名的谜题一般的赘语,其中国王据称在上帝面前、在法律上以及在其王室法庭内没有一个上级(superior),"也就是说伯爵和男爵[不能制约国王],因为伯爵(comites)之称谓来自于它似乎是国王的同事(socii),而有着一位同事的伯爵同时还有着同一位主人"。[22]另外,还据称:"没有人能够解释国王的行为或宪章以便补救其空白";或许正如梅特兰所猜测的,这是一种通过矛盾形式对权力分配设置的禁令。这些内在矛盾之段落中的第二个段落可能不是布拉克顿原始文本的一部分,尽管它是在13世纪行将结束之前写成的。

显然,关于"特权"之性质与范围在当时是存在意见分歧的,但可断定,国王宪章的持有者处于一种无人保护的地位。埃利希博士(Dr. Ehrlich)所言无疑是对的,即国王们很少或从不"在无正当理由的条件下"破坏宪章;不过起初那些正当理由繁多,结果"国王们经常破坏宪章",还通常因不破坏宪章而获得额外付款。[23]当然,随着时间的推移,"王国本土的普遍利益"在实践中越来越多[24],这意味着在事实上由国王授予的一份殖民地宪章的有关条款最终几乎就像一种恩赐事项一样获得有效率的执行,这跟由另外主体通过常规程序授予的特惠安排是一样的。[25]不过,理论本身随后在美国宪章史上起到了很大作用,而尽管有着所有这些实践性变化,宪章理论在数个世纪内曾经保持不变。因此,斯坦福(Stanford)在1590年写道:"请愿是臣民在遇到国王毫无法律根据地侵占其土地或取走其财产时唯一的补救手段,在此情形下,该臣民只能通过请愿方式向其主权者提出救济诉求;不存在其他救济手段……因此,他的请愿被称为一种权利请愿,因为他所诉求的救济是基于国王法律命令而享有的对抗国王的臣民权利。这一请愿可以在议会内提出,也可以在议会外提出,而假如是在议会内提出,随后有可能作为一项议会法案被制定或通过,抑或像在议会外提出的诉求一样获得一项救济令。"[26]

似乎可以清楚地看到,直到伊丽莎白女王统治末期,由国王"根据王权"之特权所发出的特许状或宪章依然作为"掌控臣民的国王特权的一个分支",而由国王转让的财产、权力与豁免仅仅受制于影响特权本身的那些限制因素。同样清楚的是,如果这样一种权力的行使侵犯了另一臣民基于当地法律享有的相关权利,而法律救济又是针对王权本身的,则该救济并不是根据法律权利本身,而是根据作为恩赐事项的请愿权。此刻请愿可以不单纯在低级法院审理和裁决,也可以在议会高等法院处理,但在任何一种情形下作出裁决,均需严格依据当地法(*lex terrae*)设定的司法程序,而不是依据议会法(*Lex Parliamenti*)或纯粹的仲裁法(*per arbitrium*),尽管其司法形式可能是经由臣民请愿或议会法案而启动的。当然,如果某项国王特许状载明"在普通法程式之上"甚或"在普通法常规程式之外",就可能会有主张——我认为通常也会这样对待——此时不存在王室恩赐之外的救济。显然,对这一作为特权"花魁"(the choicest flower)领域的议会涉足,开始于1601年在议会中发生的关于垄断问题的伟大辩论,"其时那些社团宪章首次获得关注"[27]。在这些辩论中,培根反对适用议案程序。"惯例",他宣称,"一直是通过请愿使我们屈就于她的至尊权威,通过请愿希求我们的苦难得到救赎……我说过,我再说一遍,我们不应当对她至尊的特权作出处理,或好管闲事,或加以裁决。因此,我希望在座的每个人对此保持慎重。"[28]他随后说道:"这一议案是非常有害和荒谬的:有害之处在于它试图夺去或扫除女王特权;荒谬之处在于存在一个保留条款(Proviso),即这一制定法将不扩展适用于针对社团的特许状(市镇社团,或许还有基尔特公社)。夸赞这一议案就是傻子,它只会使傻子高兴。所有法律人都知道仅仅是对普通法进行详细解释的议案并没有制定出任何新东西,其中的任何好心的保留条款也同样如此……因此,我认为这个议案是不合适的,我们的议程应转向请愿程序。"[29]那时,塞西尔大臣(Secretary Cecil)满怀激情的警告和女王本身显露的承诺推迟了议会的威胁性行动,但是垄断权力的继续滥用以及议会立法权的日益实现,在女王后任治下使双方斗争增加了更多辛酸。这一主题在1614年再次出现,在詹姆士国王的最后一届议会中,对王权的回击最终落实于关于垄断的制定法之中,即《关于垄断、刑法权力分配及罚款的法案》。[30]该法案宣称现有的或将来的在英格兰和威尔士授予的所有垄断"都与本王国的法律相悖,因而且应当是绝对无效的,毫无法律效力"。更重要的是,该法案继续主张这样一个原则,即"所有此类委托书、特许状、许可、宪章、制诰、诏书、禁令、限制令、协助担保"等,"都应当是或者永远将在今后根据本王国的普通法而非其他依据进行审查、听证、审判与裁决"。免于这一法案调控的是市镇宪章和基尔特公社宪章,但也仅限于"王国本土之内"。对王国本土而言,这或许是国王特权所曾遭受过的最有效的打击,不过也构成了议会未来采取行动反对殖民地宪章和土地保有权——美国人从中享有英国自由派的让步恩惠——的一个最恶毒的先例。

当然,美洲殖民地宪章本身并没有进入《垄断法案》的实施范围。因此,这一法案的真正重要性在于作为议会干涉国王特权的一个开端,从而实现议会这种不受制约之权力的膨胀,扫除包含在任何国王授予的任何特许状中针对议会行动的所有障碍。当时,对宪章权利的最大威胁,仍然在于国王特权本身,或者针对殖民地的司法程序(诸如马萨诸塞那样存在事实上的或显然的宪章权利的滥用)。在这一反垄断法案通过的同一年,一项权利开示令状(quo warranto)的司法程序被用来针对《弗吉尼亚宪章》,其结果是产生了一则反对该宪章的判决。[31]同时,议会的险恶才刚刚开始,尽管宪章已受到关注,但《垄断法案》仍被广泛忽视。

事实上,宪章已暴露于至少三种独立力量的攻击之下:国王特权、法院和议会。法官执照处于《垄断法案》的显著例外之列,1628年,查理一世并不成功地企图迫使约翰·沃尔特爵士(Sir John Walter)——财政部首席男爵——交出其法官执照,尽管后者的执照在其品行端正期间是终身职的。在沃尔特的拒绝之下,查理一世没有冒险提起司法诉讼或是停发其薪水与补贴;但国王能够命令沃尔特在履行法官职责时保持节制,该命令得到了遵守。[32]查理二世在处理阿彻法官时却成功地完成了逼交执照之事。[33]坦白地讲,根据这些先例,不适用《垄断法案》的执照和宪章实质暴露于单纯来自国王特权的相当大的危险之中,而各殖民地在当时饱受其害。英国光荣革命本身并未终结这一危险,因为甚至在1690年,霍尔特勋爵仍然向枢密院主席提出了如下建议:国王无需经过任何针对殖民地宪章的司法程序,只要保证新任总督就利润事项对巴尔的摩勋爵负责,即可以违背巴尔的摩勋爵宪章的形式为马里兰任命一名新总督。这是赤裸裸的特权,而且如果连巴尔的摩勋爵都因此而陷入困境的话,马里兰居民的处境会糟糕到何种地步![34]巴尔的摩的原始宪章提供了代表性机制和英国人权利,而如今宪章权利连续性的所有保障都被上述建议性观点一扫而光,尽管这些权利已被享有超过一代人的时间。这一宪章构成了数以千计英国人的地方宪法,这一事实以并非最轻程度的影响波及了宪章本身的法律地位。根据上述建议性观点,马里兰人民并不存在,而只存在这份宪章文件的委托人和受托人,且假如受托人单纯的经济收入获得保障的话,其正当诉求就算得到了满足。宪章对于国王特权而言只是一种微不足道的保护机制,而假如美国独立不能如期而至的话,约翰·亚当斯很可能也会悲哀地发现这一点。波纳尔的担忧是有真实理由的,同时并无多少悬念的是,当1765年宪章权利被作为对抗印花税的基础提出来时,纽约和南卡罗来纳表示了反对意见。

然而,危险并不仅仅在于国王特权。根据一种无人可否认的权利,当宪章所授予的权力被滥用或者出现越权(*ultra vires*)行为时,宪章本身可能被一种说明理由令状(*scire facias*)或权利开示令状所取消。没有哪个律师能够否认这一点,而所有的美洲人都知道一些殖民地频繁发生越权行为。马萨诸塞第一份宪章的丧失发生于1684年,而要证明关于这一宪章的裁决的非法性是极端困难的。麻烦之处在于,各殖民地无可避免的发展几乎在所有情形下都实际扩展了相关的宪章权力,而各殖民地又是依据宪章存在的。令人不快的事实是,殖民地制度的这些非常有益的发展反而使得自身处于无可否认的非法状态。实际上,殖民地宪章已逐步变成美洲的自由宪法。不过,在严格的法律上,殖民地宪章仍然只是中世纪式的特许状,而且除了委托人和受托人之外没有任何其他主体,尽管这些宪章调控着国王数以千计臣民的生命与相互关系。

这种法律性质未被质疑,如今也不可能被质疑,但实际结果令人感叹。在查理二世和詹姆士二世时代,通过司法程序对伦敦宪章和牛津学院的成功攻击,连同发生于殖民地的更切近的著名案例,必然使得美洲人确信基于宪章的保护实际上非常微弱;特别是在詹姆士二世治下,彼时司法终身制最为薄弱,相应的司法独立最微不足道,则这一危险无论在王国本土还是在殖民领地都是一种真切的存在。

1701年的《王位继承法》(Act of Settlement)使司法终身制在英格兰获得了更大保障,但从未扩展适用到美洲,因而在美洲就一直有一种苦情,即那里的司法终身制仍然是一种请愿事项,而殖民地人民对此不断诉怨却毫无效果。根据这一点,连同单纯的国王特权那一点,殖民地宪章不过就是靠不住的破苇杆。

然而,最新的危险或许才是最大的危险,来自英国议会本身的危险。如果议会能够像在1624年所为那样摧毁王国本土的王室垄断,为什么在殖民领地就做不到呢?

英国光荣革命之后,议会看不到有什么理由能够证明其在这方面的权力应当止步于低水位线。1624年法案没有影响到殖民地宪章,不过那只是因为1624年在殖民地还不存在议会需要抚平的苦情。当然,该法案完全确立了议会权力,其实际行使完全取决于自身裁量。很难看出这一安排为何不会成真。培根最初的反对是很敏锐的。如果议会在1601年制定该条款时能够将其适用限定于特定的垄断阶层,则或者这些垄断的例外均属无效,或者整个法案制定就是对王室特权的一种真正的立法侵犯,而且不是对普通法的单纯开示(exposition)。这就使得相关事项具有了根本重要性,因为该法案在通过时并非单纯的开示性法案(expository act):它是一部真正的主权法案,通过直接立法摧毁了王室特权的一个最重要的分支。到1689年,议会运用这一主权权力的所有犹疑——在1601年时还很强烈——已被内战和革命一扫而光,只有权宜算计还横亘于议会将1624年先例扩展至国王依据王权享有之古代权力的任何部分或全部的道路之上。国王特权事实上已不再是那种由国王享有的"超越普通法常规程式之上"[35]的权力。已沦落为"裁量权或专断权的残余,后者在法律上在任何时刻都归于王权之手"。[36]由于不受节制,议会已经夺走了某些特权,它还可夺去更多,甚或在需要时夺去全部。单单议会权力的这种特定存在,就使得其实际行使罕有必要。

与议会将其权威涵盖各殖民领地之借口不同,议会对国王的优势并不完全是革命的结果。《垄断法案》中的这一先例早已被制定出来并被完全接受,在今天美国多数人之先祖移民北美并受该先例影响之前。这一对各殖民地的新危险在光荣革命之后未能维持多久。早在1701年,一项旨在"将美洲若干殖民地与种植园政府重新联合进英国王权之中"的议案被引入议会审议。该议案未能通过,但同样的努力在1706年和1715年被反复重试。只是由于机缘和影响,抑或至多是来自权宜之计的主张,阻止了这些议案的通过。在议会中并不缺乏对议会此种权力的肯认,又没有对权力限度的信念,这就阻止了上述议案的通过。这里的整个故事被凯洛格女士(Miss Kellogg)在其关于美洲殖民地宪章的论文[37]中和盘托出,读者从中可以看到对宪章史这一阶段更为完备的评述。

到1765年及之前很长时间,美洲殖民者完全意识到了相关的宪政缺陷,就像他们同样意识到了单纯依赖宪章的实践性失策一样。当这一问题在印花税法案大会上被提出时,某些来自手握有利宪章的殖民地的代表提出了宪章维权的进程建议,但手握不利宪章的各殖民地的主张占了上风,代之以关于自然法和根本法的自由辉格派教义。[38]

这一宪章维权的智慧是无可置疑的。宪章主张的缺陷当然没有疑问,但只要关注到王室特许状的严格法律形式,曼斯菲尔德的如下观点似乎也是无可辩驳的——诸如康涅狄格、罗德岛和马萨诸塞之类的殖民地"与我们伟大的伦敦地区诸社团之地位完全平等"。[39]

就像施莱辛格(Schlesinger)教授所言,抗争基础的转换无疑是从一种不堪坚守的立场"退却",不过我怀疑在争议出现于各殖民地和母国之间后,除了一小部分有思想的美洲人之外,宪章立场是否被更多的人真正持有过。

在深思熟虑之后,宪章维权这一抗争基础在印花税法案大会开始时就被否决了;在1768年,这一否决在《马萨诸塞公开信》的有关主张中表现得更为明显,诉诸了免予议会征税的权利,"排除了对宪章权利的任何考虑"。[40]

这一行动的明智很快得到了如下事实的证明:英国议会制定了《马萨诸塞政府法案》和《司法管理法案》,其中仍然有效的1691年马萨诸塞宪章中的有关条款被视为不存在。

注　释

[1] 包括但不限于普里斯特利(Priestley);小戴维·哈特利(David Hartley the younger);Major John Cartwright, *American Independence the Glory and Interest of Great Britain*, 1774; Gran-

ville Sharp, *Declaration of the People's Natural Right to a Share in the Legislature*, 1774;或许最重要的是 Dr. Richard Price, *Observations on the Nature of Civil Liberty*, 1776, especially Part I, Section Ⅲ: *Of the Authority of one Country over another.* 当然,最后这部作品的观点主要是政治的,而不是宪法的。

[2] G. B. Hertz, *The Old Colonial System*, p. 21.

[3] *Massachusetts Circular Letter*, Alden Bradford, *Speeches of the Governors of Massachusetts*, p. 134.

[4] *The Rights of the British Colonies*, pp. 16-17.

[5] *Ibid.* , p. 46.

[6] *Ibid.* , p. 49.

[7] *Ibid.* , p. 50.

[8] *Ibid.* , p. 52.

[9] *Ibid.* , p. 56.

[10] *Ibid.* , pp. 61-62.

[11] *The Rights of the British Colonies*, p. 59.

[12] *Ibid.* , pp. 70-71.

[13] Alden Bradford, *Speeches of the Governors of Massachusetts*, p. 134.

[14] *The High Court of Parliament*, Chap. II.

[15] *Parliamentary History*, vol. 16, col. 178.

[16] 关于这些观点及其文献资源的相关讨论,参见 James Bryce, *The Law of Nature*, in his *Studies in History and Jurisprudence*, vol. II, p. 556; Sir Frederick Pollock, *The Expansion of the Common Law*, pp. 107-138; *The History of the Law of Nature*, reprinted in his *Essays in the Law* (1922), pp. 31-79; Roscoe Pound, *The Spirit of the Common Law* (1921); *An Introduction to the Philosophy of Law* (1922); L. O. Pike, *Common Law and Conscience in the Ancient Court of Chancery*, (*Essays in Anglo-American Legal History*, vol. II, p. 722); Sir Paul Vinogradoff, *Reason and Conscience in Sixteenth Century Jurisprudence* (*Law Quarterly Review*, vol. 24, p. 373).

[17] *Declaration of the Stamp Act Congress*, Niles, *Principles and Acts of the Revolution*, p. 165.

[18] See *Property, its Duties and Rights*, London, 1915, 若干作者的论文合集; Sir F. Pollock, *Locke's Theory of the State* (*Essays in the Law*, pp. 80-199); Carlyle, *A History of Mediæval Political Theory in the West*, vol. I, chap. 4, 12; vol. II, part I, chap. 5, part II, chap. 6; Roscoe Pound, *An Introduction to the Philosophy of Law*, chap. 5.

[19] *Parliamentary History*, vol. 16, col. 178.

[20] See S. K. Mitchell, *Studies in Taxation under John and Henry* III, New Heaven, 1914.

[21] Bracton, folio 34 b (in Professor Woodbine's edition, vol. II, p. 109). 这可能是对《学说汇纂》相关章节的一种回忆，参见 *Digest*, 50, 17, 96, (*De Diversis Regulis*)，其中马尔西安(Marcianus)说道："在有疑问时应着重考虑表达此等言辞者的意图。"

[22] On this *addicio*, see Woodbine, *Bracton*, vol. I, pp. 252, 332; Maitland, *Bracton's Note Book*, vol. I, pp. 29-33; G. B. Adams, *The Origin of the English Constitution*, p. 309; McIlwain,

High Court of Parliament, p. 101; Ludwik Ehrlich, *Proceedings against the Crown*, (*Oxford Studies in Social and Legal History*, vol. VI, p. 50, 1921).

[23] Ehrlich, *Proceedings against the Crown*, p. 10.

[24] *Ibid.*, p. 146.

[25] 埃利希博士对这一发展给出了最佳评述。

[26] *An Exposition of the Kinges Praerogative*, folio 72.

[27] 关于后来担任首席大法官的乔治·特里比(Sir George Treby)在这一伟大的垄断案中的观点,参见 *East India Company v. Sandys* (1683-1685), *Howell's State Trials*, X. col. 385。在同一案件中,随后同样担任过首席大法官的霍尔特(Holt)说道:"在第43任女王时代,关于垄断问题的谈论首次出现在议会里。"*Ibid.*, col. 381.

[28] *Heywood Townshend's Historical Collections* (1680), p. 232.

[29] *Ibid.*, p. 238.

[30] 21 James I, chap. III(1624).

[31] 对该判决的分析以及马萨诸塞公司成员将该案带入英国下议院的有趣尝试,参见 H. L. Osgood, *The American Colonies in the Seventeenth Century*, Ⅲ, pp. 47-53。

[32] *American Political Science Review*, vol. Ⅶ, No. 2 (May, 1913), p. 221; *A Vindication of Mr Fox's History of the Early Part of the Reign of James the Second*, by Samuel Heywood (London, 1811), Appendix No. 1.

[33] Heywood, *op. cit.*

[34] Forsyth, *Cases and Opinions on Constitutional Law*, p. 380. 这位编辑大胆提出了如下观点:这不可能被认为是合理的法律。要说出为什么似乎更难。这确实是国王特权的一种极端行使,尤其是在光荣革命之后,但也正是在未被这位编辑披露的英国革命基础上,国王行为在法律上才可质疑。

[35] 参见考埃尔(Cowell)的《解释者与特权》(*Interpreter, s. v. Prerogative*),1607 年版本和 1637 年版本。在随后的版本中,相关界定有所改变。

[36] A. V. Dicey, *The Law of the Constitution*, seventh edi-

tion, p. 420.

[37] Louise Phelps Kellogg, *The American Colonial Charter* (Annual Report of the American Historical Association for 1903), vol. I, p. 185ff, especially chap. IV, *Parliamentary Proceedings against the Charters*, p. 278ff.

[38] Richard Frothingham, *The Rise of the Republic of the United States*, p. 188.

[39] *Parliamentary History*, vol. 16, col. 175.

[40] Alden Bradford, *Speeches of the Governors of Massachusetts*, p. 134.

第四章

结　论

186　　如果美国革命之前某些美洲政治领袖对英国议会的反对在很大程度上不被称为一种宪法反对的话，那么关于其行为的如下三种其他解释，就只有一种可被视为合理选项：他们或者是企图抛弃一种实际的经济负担，这种负担在分量上是压倒性的，在属性上是压迫性的；或者是他们明确主张的权利只是不冷静的想象力或无教养的心智之产物；抑或上述两种解释均不可取时，他们从一开始就只是隐蔽于关于宪法权利的似是而非的主张之下，一种决意完全独立于大不列颠的选择，对此他们并不真正相信。

"经济史学家"本身在驱散上述第一种观点方面作

出了很有价值的努力。我们不再着迷于班克罗夫特（Bancroft）*的雄辩去相信所有的美国人事实上（ipso facto）都是爱国者而所有的英国人本质上（per se）都是压迫者。实际上，英国议会所施加的经济负担非常轻微。当震惊中的议会发现印花税在美洲激起了如此强烈的反对时，这一税种几乎是在法案课加的同时就被撤销了。继之而起的其他税种在数量上完全不重要，而且对于收税者而言是最无刺激性的类型。美洲人知道他们应当支付七年战争（Seven Years' War）巨额耗费的公平份额，也知道他们根本还没有那么做。很难将这种征税视为不可忍受的压迫，而且所有的美国历史学家——至少是所有那些其主张来自于革命者本身的历史学

---

* 乔治·班克罗夫特（George Bancroft，1800—1891年），美国历史学家，政治家，著有10卷本《美国史》，有"美国历史之父"美誉。——译者注

家——已很长时间不那么认定了。1774年或1775年间的美洲殖民者相比于拒付造船税(Ship Money)的汉普登(Hampden)而言,并没有承受税收带来的更大的实际贫困风险。事实是,造船税在数量上并不沉重,在属性上也并非不合理。今天每个郡的英国人都要基于同一目的支付高好多倍的税额。不过,汉普登并未因为拒付一笔他从未逃脱过的税额而被称为流氓或傻瓜,他很可能完全赞同征税的直接目的。他反对造船税是因为他认为该税没有法律保障:他的反对是合宪的。他确实担心税收导致的最终的政治后果:他害怕国王因此最终能够自我维持,无需依赖议会。但是其直接的和仅有的显著基础是税收的非法性,缺乏先例支持。因此,美洲人中的许多人都真诚地确信在英国议会中存在着一种"奴役"他们的预定图谋。否认如下事实是无用的:对未来的恐惧影响了他们的态度。就像12世纪的贝克特(Becket)和13世纪亨利三世治下的男爵们一样,美洲殖民者和汉普登首先担心的是施加者基于无先例主张的相关行为接踵而来[1]，不断加码[2]；作为整体的历史为他们之恐惧的合理性提供了辩护。不过，他们攻击的直接目标是"违宪性"、议会权力主张的无先例属性以及业已发生的权力实践。

实际上很难宣称诸如詹姆士·威尔逊和约翰·亚当斯所代表的这一反对立场是无知或愚蠢的结果。当然，假如他们的主张是"荒谬的"——就像现在时髦称谓它的那样——则很难在面对这一指控甚或更恶劣指控时宣称其无罪。事实上他们的反对并不荒谬，既非毫无基础，也非虚假不实。汉普登没有受到压迫，美洲殖民者也没有。但是，无论是汉普登还是美洲殖民者都真诚地相信他们的法律权利正在被侵犯，而且承受这种侵犯必然带来最具灾难性的后果。汉普登的理由就是亚当斯的理由。假如我们承认其一，就很难否认其二。一个英国法院裁决否定了汉普登的主张，就像英国议会宣布否定亚当斯的主张一样;对造船税案及其背景的某些研究引导我认识到,在前述案件中国王法官一方引述的先例至少并不比议会在1774年引述的先例更缺乏确切性。[3] 很难将威尔逊和亚当斯的合理论辩斥责为"荒谬的",或者如某些人所为,暗示他们要不是无望的自我迷惑,就是有意的虚假不实。有些历史学家似乎更倾向于后一种解释。戈尔德温·史密斯(Goldwin Smith)教授撰写了一些有趣的篇章来叙述帕特里克·亨利(Patrick Henry)放荡而无教养的青少年时代以及塞缪尔·亚当斯早年的财务失败,无疑其中的诸多内容是真实的。不过作者意图使我们从中得出的推论既不公正,也无必要。在革命斗争中,这些人并非单纯的不负责任且游手好闲的冒险家,也不是从一开始就在补救宪政错误的虚假托辞下密谋推翻英国权威,假如不是追求其个人私利的话。在帕特里克·亨利和塞缪尔·亚当斯的早期生涯史中确有大量疑点。但没有人如此指责约翰·亚当斯和詹姆士·威尔逊所受的理论训练。整体来看,这一激进团体并非无知;在前文中我已给出了一些先例,在我看来已可证明没有必要认定他们是虚假不实之徒。不过,据说他们是美洲殖民者中的少数派,很可能确实如此,此状况至少要等到《独立宣言》发布或潘恩的《常识》(*Common Sense*)出现时才会有改观。[4]

从1774年至少到1775年后半年,大陆会议的领袖们很可能持有一种相比于多数美洲人在宪法事项上之立场更为进步和激进的宪法基础立场;不过这仍然只是一种宪法基础。1775年5月26日,诺思勋爵(Lord North)的让步被报告给了会议代表们。同年7月31日,这些让步被视为"阴险的"而遭否决,因为英国议会没有废弃其"改变我们的宪章并创建新法的权利,使我们处于自身之生命或自由毫无安全保障的境地"。[5]

没有什么比至少废除英国在殖民地内政事务上的所有权力更令1774年之后的大陆会议满意了;随着时

间推移,诺思勋爵提出的那些建议越发不能满足上述要求;此外,大陆会议还被半官方地告知,"任何进一步的缓和措施"都不可能再被容许了。[6]直到此刻,大陆会议的领袖们在所有可能方面都要领先于多数美洲人,但所有的激进运动都是从一部分人开始的,且不久就会出现一股不可阻挡的人民感性(popular sentiment)潮流——即便不是全体一致——迫使大陆会议远远超越其领袖们曾经持守的最激进的宪法立场,将他们席卷进1776年5月15日的革命声明之中。这在弗罗辛厄姆(Frothingham)[7]著作的第十章中有极好的叙述,这里无需重述。因而,就像正统历史学家们正确指出的那样,大陆会议的政治家们不再钟情于他们作为英国人的权利。他们必然已转变成革命者,而不再是宪政主义者。他们的诸多宪法诉求已无人听闻。他们现在转向另一种听众,采纳另一种诉求。《独立宣言》是一种完全不同于任何先例的文件。该宣言第一次将苦情控诉针对国王而不是议会。它向全世界发布,而不是仅仅向大不列颠发布,从而使这一抗争的基础很自然地为对英国宪法知之甚少且更不在意的一个世界所理解:它将建立在自然法而非英帝国宪法的基础之上。这就是最近一位历史学家所称的"从一个战略支点退却到另一个战略支点"。当他们诉求英国人权利"变得不可取,他们就调用了人的权利学说"。[8]

因为大陆会议最终在单一基础上向全世界提出诉求,该基础是18世纪的欧洲大陆听闻过的;大陆会议仅仅依赖于他们所理解或在意的那些原则;因为美洲的这一首次革命诉求建立在政治理论而非宪法基础之上;于是就出现了这样一个推定,即这一变化只能是先前宪法立场之"不可取"属性的产物。这是一种不合理的推论。

美洲反对立场在1776年丧失了宪法属性,成为一个不再容忍任何宪法处置的主题。因而,我们即刻关注的仅仅是这一"不可取"的宪法立场,美洲人最终从这一立场"退却"到革命。

本文目的在于搞清楚这一宪法立场是什么以及不是什么,进而评估该立场所基于的早期宪法先例之构造的有效性。

结论是,存在着一种先于美洲革命的真实宪法问题,革命在某种意义上是该问题的结果,该问题绝不仅仅是一种要求摆脱某种合法或不合法之异常负担的托辞。

美洲人针对英国议会的控诉中存在着若干宗罪:对殖民地宪章的违背、对作为英国法一部分的自然法的侵犯,以及对英帝国宪法的违反。在这些罪状中,最后一宗罪是本质性罪状,是影响最深远的罪状,其他影响较次的要求可以包括在内或完全作为辅助,同时它也是三大罪状中唯一为整体的美洲诉求提供完整理由的罪状。宣称议会无权为殖民地任何事项立法当然排除了所有的议会征税权。留下王室特权作为唯一合法管控殖民领地的帝国权力,而殖民地宪章仅仅是国王与其殖民领地之间的契约,其中要求国王之特权不得滥用。

因而,当美洲人要求议会的违宪控制应当停止时,他们面临着王室特权这一选项,这种权力除了国王在宪章中对殖民者所作承诺带来的自律限制外,别无约束,而这种限制已被证明为价值可疑。这是美洲立场的弱点,这一点已被英国议会中的政敌以及诸如托马斯·波纳尔这样的朋友指出。波纳尔真诚地恐惧通过王室特权建构起来的专制权力,而我们不可能说这种恐惧毫无根据。这是一种真实的危险,一种在完全接受韦克菲尔德、布勒和德拉姆勋爵诸原则之前没有完全消除的危险。不过,1774年的美洲人主要致力于对抗议会。他们已然抛弃了辉格主义的核心原则,如今被说服——对错莫辩——接受如下判断:他们自由的直接危险在于议会本身。激发他们怨愤的"违宪"法案是议会的法案,而观诸爱尔兰与英国的关系史,很难说他们的情绪或预感完全不合理。乔治三世众所周知的对美洲的憎恶不应影响我们在此的判断,因为对于一名密切关注英格兰事务的观察家而言,在1774年预期来自国王的危险必然更多指向其"影响"而不是其特权,我们不能说这样一种印象无法证立。至少在那时,美洲人除了考虑议会危险性之外,不再考虑任何其他宪法下的危险,同时将国王特权作为可欲选项,这种特权除了宪章中包含的不确定承诺之外,毫无节制。就像他们的辉格反对派毫不迟疑地指出的那样,他们这么做无疑会招致由不受议会制约的国王特权带来的巨大压迫风险。不过,辉格主义作为一种帝国理论已经失败,而不久到来的美洲革命同样终结了国王特权本身,因此我们只能猜猜接下来发生了什么。后来,在新的大英帝国中,在更受欢迎的条件下,一个惬意的解决方案最终被找了出来,而这一方案在某种意义上不同于最初对立双方各自期待的方案。不过,无人敢断言,假如英格兰接受美洲的要求,1774

年紧接着会发生什么。

前面列出的总体上的考虑因素,引导我将帝国问题作为美洲抗争的核心议题,同时以更快的速度审视了根本法、税收或殖民地宪章之类的议题,这是因为后者重要性相对较低,或者因为它们已被更为宽泛的帝国问题所包含。我想,在帝国问题上,美洲立场的对错确实是由革命时期最敏锐的政治家们作出判断的。他们之主张的相对优劣必须在今天作出评估。而只有根据他们所呈现的最强论证而非更弱或更次要考量因素对其主张加以评估,才可能是公正的。对该议题并不都是按此套路处理的,这就损害了革命政治家们的声誉和某些现代著作的满意度。

尽管我确信通过考察帝国宪法先例而达致的上述结论有这些先例作保障;它们最近还是被某位美国历史学家视为"荒谬的",我怀疑别人也会这么看。不过,我不会按照优雅的17世纪风尚,在此情境激发下采取针对性的反击,我不认为那么做就如何理直气壮。从宪法上讲,18世纪之争议是对同一组先例的两种不同且不一致解释的结果,而这些先例中有许多是在这些冲突性解释产生之前若干世纪里,在完全不同和极度陌生的实践与理智条件下逐步形成的。正是由于这一点,使得后来互不一致的解释成为可能,同时也使得我们今天可以足够自信地宣布任何一种解释都有可能是错误的或"荒谬的"。如果有人宣称曼斯菲尔德勋爵的宪法理论是"荒谬的",他就是个莽汉;更糟糕的是,这个莽汉还可能推断出持守这一立场的曼斯菲尔德必然是虚伪的。假如加尔文案没有确立关于效忠性质的英国理论,人们将会在关于那一重要主题的培根观点与多德里奇观点之间长期徘徊。没有哪种观点是荒谬的,不过培根的观点被视为美洲人移民之前的法律。随后出现的亚当斯和曼斯菲尔德之间的分歧也没有什么不同,不过这就只能由刀剑来作出裁决了。很难带着绝对自信轻而易举地宣称在1774年英帝国到底是不是一个联邦,不过我敢确信,约翰·亚当斯关于这一美国革命枢纽问题的观点,在某种意义上要比对立面的理论更加符合我能够找出的相关先例,而对立面的理论在18世纪是由曼斯菲尔德勋爵支持的,在当代则显然为美国历史学家中的多数派所持有。

注　　释

[1] Matthew Paris, *Chronica Majora* (Rolls Series), vol. IV, p.186(1242).

[2] Edward Grim, Life of St. Thomas of Canterbury, in *Materials for the History of Thomas Becket* (Rolls Series), vol. Ⅱ, p.374.

[3] McIlwain, *The High Court of Parliament*, pp.149-150, 301-304.

[4]《常识》发表于1776年1月10日,参见 M. D. Conway, *The Life of Thomas Paine*, vol. I, p.61。

[5] *Journals of the Continental Congress*, II, 232.

[6] *Ibid.*, p. 72.

[7] *The Rise of the Republic of the United States.*

[8] Schlesinger, *New Viewpoints in American History*, p. 179.

图书在版编目(CIP)数据

美国革命的宪法观/(美)麦基文(McIlwain,C.H.)著;田飞龙译.
—北京:北京大学出版社,2014.11
ISBN 978-7-301-25045-7

Ⅰ.①美… Ⅱ.①麦… ②田… Ⅲ.①宪法—思想史—研究—美国 Ⅳ.①D971.21

中国版本图书馆 CIP 数据核字(2014)第 246822 号

书　　名:	美国革命的宪法观
著作责任者:	〔美〕查尔斯·霍华德·麦基文　著　田飞龙　译
责 任 编 辑:	柯　恒　陈晓洁
标 准 书 号:	ISBN 978-7-301-25045-7/D·3706
出 版 发 行:	北京大学出版社
地　　　址:	北京市海淀区成府路 205 号　100871
网　　　址:	http://www.yandayuanzhao.com
新 浪 微 博:	@北京大学出版社　@北大出版社燕大元照法律图书
电 子 信 箱:	yandayuanzhao@163.com
电　　　话:	邮购部 62752015　发行部 62750672
	编辑部 62117788　出版部 62754962
印 刷 者:	北京中科印刷有限公司
经 销 者:	新华书店
	880 毫米×1230 毫米　32 开本　8.875 印张　105 千字
	2014 年 11 月第 1 版　2014 年 11 月第 1 次印刷
定　　　价:	38.00 元

未经许可,不得以任何方式复制或抄袭本书之部分或全部内容。
版权所有,侵权必究
举报电话:010-62752024　电子信箱:fd@pup.pku.edu.cn